亨利·杜南在红十字会成立时

红十字之父

亨利·杜南传
1828 – 1910

罗歇·迪朗 著

晓亚·杜博礼 译

中国海洋大学出版社

目录

序/ 赵白鸽

前言 / 01

如此著名,却又如此不被熟知 / 06

亨利·杜南的生平及著作 / 08

家庭环境 / 08

幸福的童年 / 12

学校,宗教教育 舞会及最初的诺言 / 14

基督教青年会联盟 / 17

在阿尔及利亚的生意 / 19

科学和文学上的志向 / 24

索尔费里诺战役与卡斯蒂廖内的乐善好施者 / 25

《索尔费里诺回忆录》 / 28

日内瓦公益会 / 31

红十字国际委员会 / 32

准外交大会:1863年10月26日至29日 / 36

外交大会的准备工作 / 40

外交大会与《日内瓦公约》 / 43

荣耀和接踵而至的失败:1866—1867年 / 46

破产与1867年的远居他乡 / 50
摆脱困境的几次尝试 / 52
悲惨与竞争的时期 / 55
普法战争与巴黎公社 / 56
秩序与文明世界联盟 / 58
对战俘的保护 / 59
国际仲裁 / 60
反奴隶制的斗争 / 60
阴郁的年代：1875-1890年 / 61
在海登重新找到的创始人 / 68
老式的女权论 / 72
寻求诺贝尔和平奖 / 73
有名望但不宁静的九年 / 74
触手可及的乌托邦 / 76
简要年表 / 79
参考书目 / 83
谢辞 / 91
后记 / 93
译后记 / 95

序

中国红十字会常务副会长

国际红十字运动已有近150年的历史,目前发展成为一个拥有187个国家红会成员、历史最悠久、规模最大、影响最广的世界性人道运动。中国红十字会成立至今有107年的历史,是国际红十字运动的重要成员之一,在人道主义工作领域做了大量卓有成效的工作。但是,目前国内对红十字文化的研究和人道理念的传播仍显滞后,相关理论成果的引入和研究还很不足。这不利于红十字工作者、会员及志愿者更全面、深入地学习红十字文化,也一定程度上影响到了社会和民众对红十字会的认知和理解。

此次青岛市红十字会与日内瓦人道研究中心合作,将国际红十字运动创始人亨利·杜南和古斯塔夫·莫瓦尼埃传记翻译为中文并出版发行,是中国红十字会吸收国际红十字运动最新研究成果,兼收并蓄,促进中国红十字文化研究和传播的一次有益尝试。

亨利·杜南和古斯塔夫·莫瓦尼埃作为国际红十字会的奠基者和创始人,在西方一直享有很高的声誉和地位,前者作为国际红十字运动的理论提出者和最初实践者,被誉为"国际红十字之父",获得了首届诺贝尔和平奖;后者作为重要的践行者和"掌舵"长达四十年的首任主席,为国际红十字会的发展起到了开山的作用。两部传记以客观的笔触叙写了他们真实的人生经历,为读者清晰地勾画出了两位伟人的人生轨迹。

希望本书的出版,能为国内红十字工作者提供一份工作参考,增进对国际红十字运动的认识;能让更多的民众了解红十字运动的起源,增强对人道精神的理解,促进全社会爱心的传递,形成我为人人、人人为我的良好风尚。

二〇一一年十二月三日

前言

作为文人、商人、宗教界人士、社交界人士,亨利·杜南追求引人注目和成功,他所着手从事的一切都获得了辉煌、耀眼的成就。在他的前半生(1828—1859),他并没有表露出一位社会公益活动家的面貌、行为和价值观,而19世纪的日内瓦社会公益活动家却不乏其人。一切的发生都似乎表明,物质方面、社会方面以及教会方面的成功才是他的首要目标。

1859年6月,卡斯蒂廖内的晴天霹雳突如其来。我们的年轻冒险家以使徒保罗为榜样,经历了一条同样的大马士革之路。置身于一个他从未料想过其存在的人间地狱,他发现了受难人类的一面:伤兵们被弃置不顾的、令人难以忍受的境遇。他临时组织起救援,凭着救护反应,创造了一个新的天地,并本能地、直觉地为其设定了原则。

在三天的时间里,他发现了或者说是发明了红十字之"汤"的所有配料。这是伤者的中立化:大家都是兄弟!这是奥地利外科医生的被释:医务人员中立化的雏形。这是公众舆论的敏感化:他写给卡斯帕汉女伯爵的信。这是卡斯蒂廖内的临时救护人员的作用发挥:在专业培训下,护士成为了女人的第一职业。这是对普遍的缺乏准备状态的证明:"需要有热心且有经验的人员",他在《索尔费里诺回忆录》中强调。这是一种面对危机时刻社会各团体都是相关者的提醒:他责备军方在救护方面把平民排除在外。这是救护组织应当成为常设机构的明证。这是对危机局势将会增多而国家举措将注定会过于经常地表现无力的预感。这是一种认为应当在和平年代"确立某种约定的、神圣不可侵犯的国际准则"的直觉。

1859年,如果说日内瓦人杜南有着国际思维(这在他的时代是全新的),但他的视野还是局限于欧洲。他甚至亲自参与了由当时欧洲大陆主要国家以及美国和俄国打响的令人反感的世界征服大战。但是,他是会变化发展的,以至于成为了反殖民主义的领导人、全球各文化相互尊重的传教者。

1868年,他积极参加了《国际世界文丛》的创办工作,正如他在1月16日写给母亲的信中所言:"这涉及组织和出版一套尽可能完整的所有时代、所有国家的流传下来的经典丛书。……埃及古代文化、中国古代文化、印度古代文化。"从许多方面讲,杜南的乌托邦随着联合国教科文组织的成立而得见天日。

1897年,他与贝莎·范·苏特纳女伯爵一起签署了《致远东国家》。一方面,他承认道"我们欧洲人的先人对于远东民族的先人过于经常地表现出了野蛮的行为"。另一方面,他以一个欧洲和平主义者的名义致言"出身于任何种族和国家、持任何宗教信仰和言论的亚洲人,请求他们与欧洲和平主义者们一起,为了全世界的和平进步兄弟般地共同努力。"

如果说杜南发明了红十字的秘诀,使得国际人道法得以创立,那么他的创举是以个人的真正转变做为代价的。后来他颠覆了自己的生活方式和思维方式,分享了一种意识的觉醒,即:全世界各个国家,无论其强大与否,都应该互相尊重。他的榜样和他的呼声在今天、在任何地区都依旧保持着其完全的现实性。

罗歇·迪朗

致谢:

得益于奥利维埃－让·杜南敏锐的人际交往的感觉,我们结识了曹嵩生先生,是他促成了这本译作的诞生。我们同时要感谢承担中文版出版工作的中国红十字会青岛分会以及为此善意地大开绿灯的日内瓦 Slatkine 出版社。最后,我们为看到晓亚·杜博礼女士在进行中文版翻译工作时表现出的专业素养而感到高兴。

然昨夜之乌托邦

常会变成

翌日之现实

——亨利·杜南

如此著名,却又如此不被熟知

对于历史学家以及读者来说,一旦要尝试去描述或了解亨利·杜南[1]时,一个与其个性相生相称的难题便出现了。在其身上,一切皆成对比。既引人注目以致令人赞叹,又深深湮没以致踪迹消散;既以举事创业之旺盛精力令人眩目,又因从现实世界销声匿迹而令人失望。但无论怎样,他是一个令人着迷而又着恼的人!

一方面,这位出生于日内瓦的社会公益活动家象征或者说代表着红十字和红新月这一杰出的国际性运动。他曾经是一个由十位享誉世界的人士组成的极难加入的俱乐部的成员。哪座城市没有以亨利·杜南命名的街道,哪个国家没有发行过印有其头像的邮票?在许多不同的地区,他的名字还被用来命名船舶、森林、山峰。在十几个国家里,有以他的名字命名的协会、中心、博物馆。每年的5月8日,全世界近190个国家红会和数百万名红十字会积极成员都会庆祝世界红十字日,而这一天正是亨利·杜南的生日。

另一方面,他的生平以一种间断性的、近乎传说的方式被知晓。1867年,杜南经历了一次破产,这摧毁了他的生活,但几乎所有与此有关的资料都消失了! 还有1875～1890年的15年,这期间杜南的生活不仅是阴郁的,而且几乎所有的一切都是隐秘的。

在堕落的天使亦或殉道者之外,在圣人亦或英雄之外,且让我们通过找寻人性之弦来认识杜南。真实而又震颤着的,可靠而又微弱的,从杜南的生命之弦中,我们或许也会找到自己的人性共鸣之音。我们每个人的身体里都留存有一个杜南,哪怕有时只闪现于我们生命中的某一瞬间。尽管身为历史学家,但我仍有自己的不确定性和主观性,希望这本传记能展现亨利·杜南——这一人性的典范。

[1] 我们一上来首先要解决的就是杜南的名字这一不能回避的问题。从出生时记录的名字——"Jean Henri"到去世,究其一生,我们的主人公在"Henri","J. Henri","J. Henry"和"Henry"之间犹豫不决。尽管最后一种拼写方法并不是在他笔下最经常出现的,我们在这里仍然采用它,因为国际红十字会界内一贯选择这一拼写方法。
为方便阅读,我们会一直称"红十字会",尽管这一组织的不同机构在几年的时间中使用过不同的名称:"国际伤兵救护委员会"、"伤兵救护协会"。同样地,我们使用的引文也与文献学方面的范式一致起来:音符、拼写、标点、大写字母、斜体字。

亨利·杜南的生平及著作

家庭环境

亨利·杜南在丰富多彩的家庭环境中度过了引人注目的童年和青年时代。家庭对他的影响是深远的。五十年后,当经历了战乱时代的严酷,杜南仍会饱含感情自豪地提起那一黄金时代。在杜南的生命中有几位重要的家族人物,让我们简要地审视一番。

祖父贝尔纳·杜南(1746-1822)对于亨利来说,就如水印般真实而模糊,因为亨利从未见过他。然而,这是一个色彩鲜明的形象:曾赴美旅行,迎娶伦敦富豪珠宝商之女安娜·格拉维埃;后又因债入狱,经历了二十年远居他乡的生活。这是怎样一位祖父啊！但是至少,他给亲人们留下了临近法国克鲁日地区的一处名为拉谢弗里的葡萄酒庄园,那里很快便成为一处颇受偏爱的祖宅。

外祖父亨利·柯莱东(1772-1856)是日内瓦乡下的绅士农场主。他于1815～1855年间任阿维利市市长。他的儿子达尼埃尔后来成为著名的物理学家。他的女儿——人称南希的安娜-安托瓦内特,嫁给了让-雅克·杜南;他们的第一个孩子就是"咱们的"亨利。亨利·杜南对外祖父怀有几近虔诚的仰慕之情,甚至到了把他当作《旧约》中族长们的圣像降世为人的程度。

叔叔大卫·杜南(1784-1872)是位文人,也是一位书商,只是后来破了产。他对侄子颇为欣赏。在亨利·杜南于1867年破产后,他为亨利设立了终身年金。他扮演了家族中知识分子的角色,就其未获得任何突出成就而言,他的一生是失败的。对于他的侄子而言,他有时被当做学习的榜样,有时又成为反面的教材。

父亲让-雅克·杜南曾是一名推销商,在马赛未能发迹,

家人敦促他为家族延续香火。1827年,他迎娶了南希·柯莱东并顺利地散开"枝叶",先后生下五个孩子:亨利(1828年)、安娜(1829年)、达尼埃尔(1831年)、玛丽(1833年)和皮埃尔－路易(1834年)。

在日内瓦居住时,他便经营自己的一处位于当时环城围墙外的拉莫奈地产。

作为法院监护机构的督导员,他负责照管一些孤儿,有时会把他们邀至家中。从其妻南希的信件可以知道,他太过经常地离家在外,甚至在家中不受欢迎。在《回忆录》中,亨利几乎缄口不提父亲的话题。

母亲南希(1800-1868),她的夫家姐妹们说她"小个子,黑眼睛,不算迷人";"面色红润,和蔼可亲;谦逊,温柔,好脾气;购物,缝补衣服,会弹钢琴,会讲一点英语;只有一名女佣,习惯亲自动手劳作"。

亨利出生时,年轻的母亲洋溢着幸福。之后她便不停地生儿育女,六年半的时间里生了五个孩子! 1840年左右开始,南希在家庭生活中并不幸福;她经常去看医生,大概是在度过抑郁期。哪怕描黑其处境,我们也要指出她在金钱方面似乎存有一定的愁虑。

在长子眼中,她体现着值得珍爱和保护的女性形象,代表着守护家庭、家族、文明和信仰的母亲的典型,寓意着温柔、善

J. H. Dunant a toujours été un homme de paix. Dans son enfance, il faisait peu de cas des petits sabres et des petits fusils, et même les petits tambours et les petites trompettes n'avaient pas d'attrait pour lui. Jouer au soldat, voire même avec des soldats de plomb ne lui plaisait guère. Par contre, le goût de l'instruction, des voyages, des découvertes, était très prononcé chez lui. Comme il aimait beaucoup lire et qu'il était très enthousiaste, rien ne lui paraissait plus beau que de parcourir le monde, de le coloniser, de le civiliser pacifiquement et de vaincre les difficultés de la nature, de surmonter les obstacles, d'escalader les montagnes, de voir du pays et de faire du bien. Le livre de Robinson Crusoë, par exemple, le ravissait alors qu'il était tout petit garçon : ce livre immortel que l'univers entier a lu, que l'univers relira toujours, et dont l'auteur Daniel de Foë fut condamné au pilori pour avoir noblement défendu la liberté de conscience ! sans compter qu'il passa trente années de sa vie dans la misère et dans les circonstances les plus déplorables et les plus affligeantes qu'aucun homme ait jamais traversées. C'est ce livre, et

《回忆录》一书中关于亨利·杜南童年的书页，五十余年后他亲笔撰写了该书良的原则(而男人则是暴力和邪恶的象征)。她对她的亨利有着深刻的影响,正如《回忆录》中的这一段所描写的:"历史上有诸多这类例子,受到母亲重要且良好影响的儿子们能效力于全人类"。

母亲的形象如此高大,以致或多或少遮挡了儿子日后投向其他女性的目光。亨利·杜南将需要多少年的时间才能从母亲特征以外的角度来打量一位女士!我们真的确定他能够做到吗?

幸福的童年

1828年5月8日,亨利的降生使整个家族充满欢乐,他是同辈中的第一个男孩。或许他是某种类似王储的家族继承人吧?他一生下就责任重大。

他的出生地在加尔文中学和圣·皮埃尔大教堂之间的维尔丹纳大街,他在距科纳文城门几百米处的漂亮地产拉莫奈度过了自己的童年。南希喜欢同一家人一起在阿维利的父母家中小住,过着天堂般的日子。而位于圣-皮埃尔井大街4号的那处漂亮房子,离苏菲姑姑给大家提供茶点的教堂很近。

"十岁时,"亨利·杜南回忆道,"我是个非常尊崇贵族阶级的小贵族。日内瓦的贵族阶级那时好像领主城堡里高贵的台阶,至少有大约十二级被妥当安置的骄傲的踏阶,每一级的踏阶都又宽又美,尽管它们之间只有一脚之高的间隔,但其中每一级都深知各自的价值,并因自己不是大众化的地面、铺砌成的路面或植物丛生的土台而骄傲……"

但是,杜南家族有限的财力要保持贵族的居住条件还是有些勉为其难。这反差使小男孩在对其高贵出身的自信中得到滋养,也使其相信必须赚很多钱才能保持被认为命定的地位。

拉莫奈临近圣-日尔万的穷人区科纳文。如同三步之遥隔开了天堂与地狱。年轻的亨利追随母亲,学着跨越这距离。他依从《圣经》的教诲,努力救助那些被繁荣和发展遗忘的人们。

另一让杜南难忘的画面,是苦役犯。作为济贫所成员,让-雅克·杜南被指派去检查移至土伦的日内瓦囚犯的监禁条件。1836年夏,他的夫人和长子陪同其前往。在以第三人称撰写的《回忆录》中,亨利·杜南重温了那一幕:"那个陪同父母探访土伦苦役犯监狱的小孩子,看到那里被用铁链锁住并太过经常地被虐待的苦役犯,便在那时下定决心,长大后要写一本书,反对这些在他看来是残酷的、极不公正的社会行为"。

丰富、滋润的家庭环境,贴近慈善使命的榜样,天生倾向于公益活动的性格,这幅亨利童年展现的画卷近乎超凡入圣。从历史传统和传记的角度,我们似乎可以这样分析亨利的成长历程。其实,这些分析要素看来还算合情理。但是,相关证据所剩无几。我们所书写的、所重复的、所假定的,往往基于当事人自己的见证：亨利的《回忆录》。亨利撰写这些事件是在发生后的四十到六十年间。尽管有时有辩解的意思，但亨利所描绘的这一美好童年是可能存在的，或者是近乎属实的。此外，它很贴近人物的形象。那么，就让我们保留它吧。

学校，宗教教育
舞会及最初的诺言

十岁时，年轻的乡村贵族进入了由加尔文创建的学校，这所学校是一个男孩子们混处的著名熔炉，他们来自社会地位各不相同的家庭。在宗教方面，亨利·杜南出类拔萃，连续三年摘得当时颇受赞誉的奖项。

在古典人文科学方面，情况变得完全不同，因为亨利于1842年因成绩不足而离开了学校。他因此接受了私人授课，但这些课程又能给他什么？他是否很快被安排作了学徒？我们对此并不了解，这几年，他如同失踪了一样。

就在这位年轻人铸炼人格的时期，日内瓦的新教教会受到了由盎格鲁－撒克逊虔信派教徒引发的争议的冲击，他们指责新教教会的过度理性主义以及制度的僵化。宗教改革运动的过程中，在潮流中激奋的人们推动着信仰复兴。一个名为新教协会的修会在奥拉托利会教堂（塔巴赞大街7号）中建立起来，

至今仍积极活跃、光芒四射。

年轻的亨利在作为"信仰复兴"的传教者之一的路易·高桑牧师授课的主日学校上课,而其自身的信仰影响了他的整个人生,应在此概括一下该运动的几项原则:教徒通过祷告与上帝和耶稣-基督建立直接联系,无需中间人;《圣经》作为上帝的语录,应逐字阅读并自释其意;那些预言和《启示录》值得特别关注,以至于每个人都被要求具体想像人类的未来;犹太人组成了上帝的子民,只要他们还散布于世界各地、只要耶路撒冷的圣殿尚未重建,基督就不会再次降临人间;作为上帝的选民中的一员,信徒应当行动起来——作见证,传福音,救助不幸的人,这是上帝赋予的一项在人间的使命。

基督教的诺言并不意味着对尘世利益的弃绝……亨利愉快地讲述了他17岁时所参加的一次晚会:"在舞会中,我没有错过任何一种舞,全都跳了;几段波尔卡舞,还领跳了一曲玛祖卡舞……贝尔特一直受邀,然而我提前下手,得以邀请她跳了两次,她的表姐妹阿尔洛也一样,这很容易理解,她是最漂亮的"。

在一次上流社会的社交性聚会之后,他讲述了自己与"三位相识的年轻人"的相遇,其中就有某位叫古斯塔夫·莫瓦尼埃的人。关于某人,他评论道:"这位年轻人正如莫瓦尼埃一样非常讨人喜欢"。年轻人们被邀请留宿:"谢表兄、莫瓦尼埃和我,

亨利·杜南在1855年左右基督教青年会联盟成立时

我们住在暖房上面的一间漂亮卧室里。我睡得相当好。"

也正是在这同一时期,他加入了施舍协会,把"空闲时间用于拜访穷人、残疾人、濒死之人,为他们带去救助和安慰"。同样地,"在 20 岁时,他用每周日下午的时间,为日内瓦监狱的犯人们念诵与旅行、历史、基础科学有关的内容,监狱小教堂的神甫殷勤地为他打开教堂之门"。

基督教青年会联盟

1852 年 10 月 20 日,杜南推动了基督教青年会联盟的建立并担任通讯秘书。很快,该联盟便成为全欧洲新教教徒联络网的中心。如果考虑到阿尔及利亚、黎巴嫩和美国的信件,这种联络几乎是全世界的。

日内瓦的联盟通过创建移动图书馆、订阅感化类杂志、组织充满关爱的下午点心会、提议以历史、政治、道德和宗教为话题的座谈会等方式积极投入福音宣传活动。

在这人数众多、工作繁忙的场所,杜南没有将自己的贡献仅限于拟定书信。他带来四分之一的启动资金。他吸收了近一半的新成员。他激励着自己的同学们,以及散布在法国、比利时和提契诺州的"有共同信仰的教友们"。

1853 年,他在阿尔及利亚散发阿拉伯语的《圣经》,同样幸运地传布基督教信仰和进行殖民探索……

联盟是一场由青年人为青年人发起、并由青年人领导的运动。在十九世纪中叶,这是首创,在日内瓦确实是第一次。而对于杜南来说,这仅仅是个开始……

1855 年 8 月 22 日,全欧洲的联盟负责人相聚法国首都并在那里通过了《巴黎基本原则》,该原则的编纂工作被很自然地交给了杜南。以下即为准备交由当时存在于世界各地的 338 个分区批准认可的基本原则:"基督教联盟的目标是在同一协会中,将那些依据《圣经》视耶稣-基督为他们的救世主和上帝、愿意在信仰上和生活中成为他的门徒、愿意为在青年人当中扩展他们的主的王国而共同努力的青年人聚集在一起"。作为对共同信仰的公开表述,该文本一直充当着当前基督教青年会世界联合会的基本宪章。联合会现有两千三百万成员,积极分子遍布全球,国际总部设于日内瓦。

那个在学业、科学和文学方面曾令家人失望的杜南,那个在职业领域的起步如此悄然无息的杜南,就这样实现了一项杰出的运作。他发现了自己通信的天赋和说服的能力。他磨练自己的文笔,把印刷品作为一种有效的宣传工具,他著名的致"信仰耶稣-基督的弟兄们"的手稿复制版《通报》赢得了无数成员的加入!他为自己编织出一个庞大的关系网。他对国际主义观点完全认同,并坚信所有大规模的活动应当面向所有国家的人们。

的确,这是一份再积极不过的总结了。那么,为什么这位杰出的通讯秘书于1855年底从基督教青年会联盟的前台退隐了呢?而且是在此行将辉煌之时。他的一种性格特征使人想到第一种解释:杜南更愿意创建而不是管理。现实情况则给出了更为可能的第二种解释:自1854年起,他便独自投身到既令人陶醉又令人晕眩的商业事业当中了……

在阿尔及利亚的生意

父亲与叔叔们皆是经商之人,还有什么比亨利·杜南追随他们的足迹更合乎情理? 1853年,他受聘于日内瓦的塞迪夫瑞士殖民地商社,吕兰·博勒加尔和索特尔·博勒加尔先生是该商社的主要股东。为了替换一名因病不能工作的会计员,这两位先生派遣他们年轻的职员前往阿尔及利亚。杜南于9月1日登船,10月28日返回;在工作现场,他支付了紧急的款项,订购了过冬的木材,派人整治了农业用地。

一回到瑞士,他便作为从事特许领地移民活动的日内瓦商社的招聘员而出名。1853年,正是日内瓦基督教联盟活动频繁的时期。对于我们的世俗传教士来说,这是何等意外的收获!老板们为他确保了一份工作以及为在一个新国度传播基督教做出贡献的可能性。

杜南当时尝试了一种为其赢得辉煌成就的方法:新闻宣传

罗马凯旋门,杰米拉,亨利·杜南为他的一个侄女所画

攻势。多亏颇具权威的《日内瓦日报》，刊登了鼓励移民的读者来信。谁人敢加入冒险之列呢？往往是穷人，乡村的贫苦居民。

1854年6月至9月中旬，第二次旅居阿尔及利亚时，杜南因与雇主们友好商谈了一项协议而重获职业自主权：他将承担某些工作直到他的接替者上任；作为交换，他的旅费可以报销。于是，在1854年的这个夏天，他独立自主了。

利用自己的自由，就尝试使"默罕默德的宗派信徒"改变宗教信仰一事，他尝试学习了伊斯兰教文化。例如一封日期注明为1854年11月25日的信中说道："在那里(在北非)我将阿拉伯语版的《圣经》赠予了以实玛利的后代，他们总是很高兴地收下；我曾住在穷人的帐篷里，他们总是如此好客；我也曾身处一王侯之府，见到王族族长的十足典型。……在那里，我更好地理解了先知们的象征性语言，坚定了我的信仰。"尤需指出的是，他走遍了那个地区以找寻一个可创建自己的殖民企业的地方。

1855年3月1日，他再次前往阿尔及利亚，这次由他的兄弟达尼埃尔陪同。很快，他便获得了位于德赫河的第一块特许领地：7公顷70公亩的土地，带有一处瀑布，靠近蒙的古罗马遗迹，距杰米拉17公里。离塞迪夫不远，在东阿尔及利亚的大高

德赫河畔的蒙杰米拉磨坊公司的珍贵遗迹，位于东阿尔及利亚，靠近塞迪夫

原上,古罗马人曾在那里开垦肥沃的小麦田。

一上来他的目标定得很高。他兴建了一个碾磨谷粒的水磨坊,用方石建造,运来坚实的木材做楼板,订购可开动四对石磨的机械。在这一工业投资之外,还要加上一条道路的修建。然而,为使这一机械性能如此优良的面粉厂盈利,就需要大量的麦子。因此他申请了200公顷可耕地的让与,但被政府部门拒绝了。

为了给自己的经营增加影响力,他创立了蒙杰米拉磨坊股份有限公司,并于1858年1月8日获得日内瓦州政府的批准。由他主持的董事会的成员还包括夏尔·汤布莱上校(日内瓦自卫队的前任长官)、内克尔(路易十六时期的财政大臣)的一个侄孙以及他的兄弟达尼埃尔·杜南。

为使自己的地位更加牢固,他将公司资本提至一百万瑞士法郎,这是一笔在当时数目可观的款项。随后他于1859年4月26日,在克鲁日市政厅加入了法国国籍。他谋得了一些令人印象深刻的推荐,如1847年独立联盟战争中瑞士军队的统帅、身为拿破仑三世的私交好友的杜福尔将军为其担保。他印刷了一份《关于阿尔及利亚蒙杰米拉金融工业公司的备忘录》。杜南自认财势足够强大,于是决定在拿破仑三世本人面前为自己的项目书辩护。

不过,为保证事件的连贯,让我们追溯至三年前,因为在此期间,为了有机会弥补青年学生时代那段不愉快的记忆,他在一个全然不同的领域进行了尝试。

科学和文学上的志向

作为商人,这位殖民者觉得自己同样有作文人的志向。1856年,他成为读书会的成员,并加入了享有盛名的日内瓦艺术协会,工业与商业类。

1857年底,他出版了《突尼斯摄政概述》,记叙了近来的一次旅行。他夸赞阿拉伯人和摩尔人的族长制社会。他在贝伊身上看到一位开明君主的形象。他欣赏穆斯林的殷勤好客。他是注重实际的,他称赞是因为他希望受欢迎,是因为他努力去理解一种不同的文明,尽管带有其欧洲人和基督徒的偏见。尝试之举大获成功:默罕默德-埃尔-萨多克贝伊授予他一枚被高度评价的奖章——国家荣誉勋章。

1858年3月18日,十位学者和名人创立了日内瓦地理协会,他是这一小群体当中的一员。在最初的两年中,他作为所有会议的出席者而被提及。他在这一博学者的俱乐部里结识了路易·阿皮亚、古斯塔夫·莫瓦尼埃和纪尧姆·亨利·杜福尔,他们于1858年12月至1860年间加入协会。这几人也是日后创建的红十字国际委员会的重要成员。

1859年5月7日,巴黎亚洲协会接纳他加入其中,然后是地理协会,接着是东方与美洲人种志协会。简言之,杜南已成为名都学者团体的上层精英!

在宗教界和商界稳居其位,30岁的年轻冒险家在文学和科学圈子里也同样获得了成功。他在社会中引人注目的提升似乎是一片通途。然而,商人的忧虑也纠缠着他,一次偶然事件打乱了他的轨迹。

索尔费里诺战役
卡斯蒂廖内的乐善好施者

1859年,意大利被分割成好几个国家,部分国家屈从于奥地利,唯有皮埃蒙特(撒丁岛)王国是独立的。为实现国家统一,撒丁岛首相萨沃尔获得了拿破仑三世的支持,二人就向奥地利宣战一事达成协议。

自1859年4月25日开战,法国－撒丁联军便处于攻势。联军以尽可能快的速度追击奥地利人,因为担心他们会以维罗纳、莱尼阿瑙、拜斯凯爱拉和曼托瓦要塞著名的四边筑有工事的营垒作掩护。6月24日凌晨,决战打响了,这是交战双方都始料未及的。战役在16公里长的战线上持续了一整天,近35万人投入战斗。最终结果是约6000人阵亡,4万人受伤。

血战当晚,两位皇帝同他们的部队一样感到震惊,因为他们亲眼目睹了拼死混战导致的残酷场景。尽管身为胜利者,拿破仑三世还是于1859年7月11日接受了维罗纳自由镇停战协定。作为意大利完成统一和实现国家独立历程中重要的标志性事件,索尔费里诺战役能够载入史册,主要是因为一位普通的日内瓦人几乎是偶然地经过了那里……

在其《回忆录》中,杜南描述:"我十分担心伤员们未来的命运。……当然,我是一个旅游者;却是一个挂虑人道主义问题的旅游者"。事实上,他穿越意大利北部的目的是在法国皇帝面前为自己的阿尔及利亚项目书辩护。

此前一个月,在其印刷的《重建的查理曼帝国或拿破仑三世陛下重建的圣罗马帝国》中,他表示:"拿破仑三世皇帝,作为拿破仑一世和拿破仑二世的合法继承人,是罗马王位唯一的、真正的继承人,正如他是查理曼大帝的继承人一样。他应当把欧洲从无政府状态中解救出来,让这一'伟大的民族'恢复其世界地位和在全世界民族之中的优势。"

从阿尔及利亚出发,身穿殖民者制服上岸(这正是其绰号"白衣先生"的由来),杜南带着由一些法国将军签名的推荐信,从亚平宁山脉的蓬特莱毛礼,朝着作战地区北上直至距索尔费里诺七公里远的卡斯蒂廖内,并于战役当晚抵达了那里。

正是在这个不起眼的市镇,法国人临时组建了他们主要的战地医院,数以千计的伤员被送往那里。

1859年6月25日星期六,这位日内瓦人出场了:"啊!先生。我太疼了！其中几位不幸的人对我说道。……我把凉水洒在他干裂的嘴唇上"。在参与救援的第一天，他把自己描述成一个孤立的救护人员。26日星期日，在卡斯蒂廖内的妇女们的帮助下，他组织起最紧急的救护：为伤员提供吃的和喝的，清洗流血的躯体，包扎伤口。27日星期一，他超越当地范围组织救援，派自己的马车夫前往布雷西亚弄来洋甘菊、衬衫和烟草。他也注意到了，当他丝毫不分国籍地救护伤员时，卡斯蒂廖内的妇女们也纷纷效仿他。她们学着他的样子大喊着"大家都是弟兄"。同一天，他向一位日内瓦朋友、社会公益活动家及"信仰复兴"的信奉者、女伯爵瓦莱里·德·卡斯帕汉求援："三天来，每一刻钟我便看到一个人的灵魂在极大的痛苦中离开这个世界"。傍晚时分，他离开了卡斯蒂廖内。

28日星期二，在几经波折后，他抵达了位于卡夫里亚纳的法军司令部，在那里放下了他的《罗马帝国》。然后他重返自己在基耶萨·马焦雷主教堂的岗位。30日星期四，他出发前往布雷西亚，在那里用了大约一周的时间参观医院，目睹了一次截肢手术，分发烟草并充当翻译。他最晚于7月13日返回了日内瓦。

因职业责任被意外地猛然推入了地狱的候见厅，杜南很快适应了且应对出色。然而，在这一阶段，他的行为是否明显有别于面对有相同经历的同时代的其他人？我们知道路易·阿皮亚医生,以及企业家、巧克力商菲利普·苏沙尔,在战争期间都在意大利。他们二人都照料过伤员,但一回到日常生活中,便再没有从事任何特别的活动。

另一个例子,福音协会。1859年7月11日,协会派遣五位神学专业的大学生前往意大利北部,目的是为了向伤员分发衣物和食品、给予安慰和鼓励,而不分他们的国籍与宗教信仰。出于协调的考虑,协会任命杜南为"委员会在现场的成员"。同时,德·卡斯帕汉女伯爵在《日内瓦日报》及巴黎两份享有盛名的报纸上,发表了6月27日来信的大量摘录。但在此之后,福音协会和女伯爵都没有主张一项持续性的惠及伤兵的活动。

通过比较不同人的反应,得出的结论是,杜南的反应,除一特征外,并不具有特殊性。正如在之前的国际危机结束之时,公益工作没有想到要以长期的方式来组织。只有一个人想到了,并有足够的恒心取得成功,他便是亨利·杜南。

《索尔费里诺回忆录》

刚刚从激动中平静下来,卡斯蒂廖内的布施者便重拾其金融活动,专注于他的阿尔及利亚磨坊,直到1861年。尽管如此,他感觉自己需要与人分享那些萦绕于心的记忆。一年的时间里,他撰写了《索尔费里诺回忆录》,并于1862年11月出版。这115页的书稿使其载入史册。

他找军事艺术专家搜集资料,描述了战役的进程。即便是描绘战士们英雄行为的第一部分,也堆积着令人恐怖的字眼和细节:被炸掉的下颌骨、断裂的四肢、人体的残骸、暴露在外的脑浆布满苍蝇的内脏……

书中第二部分在描写基耶萨·马焦雷主教堂内的伤员们无人照管的情形时,更加悲怆感人。杜南正是在此处出场。他讲述了他所看到的和经历的,这一见证——以一种最优秀的作家们喜欢采用的文笔写成——就是作品的力量所在。此外,他的这本书应当取名为:《卡斯蒂廖内回忆录》。

书的最后一部分用十四页纸表达作者的发问,并提出了一种解决办法:"在和平安定的时期成立一些救护团体,其目标是让那些热心、忠实并完全可以胜任的志愿者在战时救护伤兵,难道没有办法可以成就这样一项事业吗?"最终,当杜南倡议各国通过一项"约定的、神圣不可侵犯的国际准则",以保护那些落入敌手之人以及救护人员时,他加速了崭新的中立概念的形成。

在用书籍传播思想的过程中,杜南表现出一种无与伦比的公关意识。他不仅仅满足于将第一版书赠与朋友和熟识之人,还将书送交欧洲各宫廷和他在社交生活中接触的杰出人物。随后,在第一版正文的基础上,杜南修改了扉页并增添了一篇简短的前言,形成了更为成熟的第二版。该版于1862年12月面世。

希望同样感动公众舆论的杜南于1863年2月又发行了一个大众版本,印刷三千册,开本更方便,并有实质性的修改:他提议创立国家委员会,明确指出救护团体的职能,并预感到乐善好施者在和平时期遭遇自然灾害或流行病时的作用。

他还促成几种译本问世:德语译本(一版于1863年问世,另外两版于次年问世)、荷兰语译本(1863年)和意大利语译本(1863年)。但他试图翻译成英语、俄语和瑞典语的努力并没有立即获得成功。

他同样懂得聚集新闻媒体。《日内瓦日报》献给他一篇颇多溢美之词的书评,杰出记者圣-马克-吉拉尔丹在1863年2月15日的《辩论日报》上将其介绍给整个法兰西,著名作家查尔斯·狄更斯于1863年5月16日在其发行量很大的期刊《一年到头》上转载了该书的长篇摘录。

回忆录获得了众多且积极的反响。军官、教士、历史学家、哲学家、银行家、上流社会女性纷纷称赞他描绘战争令人难以忍受的一面的勇气,大多数人祝愿作品取得成功。很快,读者群体便远远超出了当地的范围;例如,十三位君主向他表示了他们的"特别关注"。然而仅有漂亮话是不够的,专家们是如何看待的?

颇具威信的杜福尔将军完全不相信将这样的提议付诸实践的可能性。另一位军队医务部门的权威人士,弗洛朗斯·南丁格尔通过她的秘书转达了一份反对意见清单。

只要是涉及笼统的、高尚的思想,每个人都会鼓掌称赞;一旦想要实现它们,一切就都变得复杂了。现实主义者们被困难缠住,拥护其他解决办法的人们激烈反对,真心诚意的人们逃开了。幸运的是,一位日内瓦社会公益活动家做出了积极的反应。

日内瓦公益会

始建于1828年1月10日的日内瓦公益会在1863年时拥有164位成员。它特别负责教育和脱贫。从逻辑上讲,协会并不觉得自己与伤兵的境遇有关。经常由杜福尔将军领导的该协会在当时拥有一位年轻活跃的主席,他很想找到一个可使自己脱离老路并在显著位置上发挥作用的"空间"。

律师出身、得益于父亲与妻子的财产而免却谋生之忧的古斯塔夫·莫瓦尼埃自1855年起便是公益会成员。1857年12月至1861年1月他首任主席一职,1861年他担任副主席,1862年至1864年他重返主席一职。他代表自己的城市参加了国际公益大会:1856年在布鲁塞尔、1857年在法兰克福、1862年在伦敦。他的报告和出版物,其中包括《公报》,为数众多且颇受好评。毋庸置疑,这是一位公益机构的主要领导者。

1862年11月,莫瓦尼埃收到了《索尔费里诺回忆录》。主动与该书的作者会面之后,他注意到此人没有预先考虑到任何旨在实现其主张的策略。诸多迹象使人想到杜南当时打算在巴黎而不是在日内瓦落实他的救护协会的计划。不管怎样,1862年12月8日,他申请成为日内瓦公益会成员。他的介绍人为:古斯塔夫·莫瓦尼埃和纪尧姆·亨利·杜福尔。

杜南与莫瓦尼埃行动极为迅速。1862年12月15日,莫瓦尼埃已经主持了类似领导机构的中央委员会,他向委员会提议要让国际公益大会意识到伤兵们无人照管的状况,并在和平年代创建志愿护士组织。但颇具威信的杜福尔将军认为这样一项活动不属于协会的职能范围。

面对这一否决,莫瓦尼埃改变了策略;1863年初,他试图获得将于1863年9月在柏林召开的国际公益大会的支持。但此次大会的组委会拒绝了这一议题。

又一次的碰钉子并没有使他气馁。事实上,1863年2月9日,他使日内瓦公益会全体大会同意组成一个小型委员会,专门研究杜南的提议。无须怀疑,正直的日内瓦社会公益活动家们刚刚在不觉中为未来的红十字国际委员会开了绿灯!

红十字国际委员会

1863年2月17日,委员会便召开了第一次会议。杜福尔被任命为主席,古斯塔夫·莫瓦尼埃为副主席,亨利·杜南为秘书,路易·阿皮亚与黛奥多·莫努瓦代表医务界。

委员会的职责是与柏林国际公益大会磋商创建志愿护士组织的相关事宜。根据莫瓦尼埃的提议(在杜南的支持下),委员们踊跃组成了"国际战时伤兵救护常务委员会";几经修改,1876年确定了"红十字国际委员会"这一沿用至今的名称。这一称谓问题表明:通过宣布"常务",委员们回应了杜南的在和平年代建立一个活跃机构的提议,这与当时的人道主义领域所通行的做法相反;通过定性为"国际的",这一新生的委员会宣告了它的活动范围将超越国界。

杜南再次前往巴黎,在那里,一线的知名人士作出了积极的响应:包括文学界与新闻界的圣-马克·吉拉尔丹、和平主义人士中的弗里德里克·帕西、银行界的黛奥多·凡尔纳和弗朗索瓦·巴托洛米、外交界的阿道夫·德·希尔古尔伯爵。其中,伯爵对其不吝赞美之词:"您的作品充满了勇气和高度的公正。您的计划理应得到世界各国正直的人们的欢迎与协助。"

在成立的最初几个月,国际委员会似乎基本上多亏其秘书才为人所知并开展活动。这位秘书到处推广《索尔费里诺回忆录》,与新闻界打交道,并取得了同情者们的帮助,如纳沙泰尔的皮特沃牧师和柏林宫廷的顾问杜布瓦-雷蒙。

事情发生了戏剧性的变化:1863年8月25日的会议召开时,莫瓦尼埃告知他的同事们,国际公益大会不会召开了。意识到计划被打乱后,国际委员会在会议过程中决定,自己在日内瓦组织一次相似的会议活动。

杜南与莫瓦尼埃再次忙碌起来。9月1日,他们向各国政府寄发了《日内瓦通函》,该通函宣布了日内瓦国际委员会召集一届大会,旨在研究创立志愿护士组织以及相关的委员会。让我们在这里对这些来自一个小共和国的普通公民的勇气表示钦佩,他们没有任何官职,却邀请全欧洲的权力机关派遣官方代表。随附信函之后的是一份《和解协议草案》,阐述了国家委员会的概念、国际委员会的职责、护士从属于军队权力机关的关系以及采用一个统一的特殊标记的契机。

同杜南一样的加尔文主义者和虔诚派教徒、荷兰军队的外科军医,约翰-亨德里克-克里斯蒂昂·巴斯汀十分着迷地阅读了《索尔费里诺回忆录》。他随即致力于该书的荷兰语译本工作,该译本于1863年的年初问世。他创造了一个奇迹:从王室家族到绝大多数的新闻媒体,几乎荷兰的每一个人都狂热崇拜该书的思想以及书籍的作者!

1863年8月12日,巴斯汀劝告与之通信的杜南在一位名叫恩格的医生身边加紧预备工作,后者正是即将在柏林召开的统计学家大会的主席。荷兰的外科医生在此扮演了一个重要角色,因为此次大会的其中一组由军医组成,他们将比较平民与士兵的卫生统计数字。巴斯汀本人将参与其中并担任报告人,因此能够多次发言。杜南于是维持其原定的德国之旅计划。

至此,是杜南在领导着活动。当然,莫瓦尼埃将其引向了公益事业的道路,但是这些进入了死胡同。第一次,有人提供他一个有希望的解决办法,此人正是巴斯汀!

第五届国际统计学大会于9月6日至12日在普鲁士的首都召开。杜南作为"在日内瓦的瑞士代表"出现在成员名单中,但却没有发言。幸好,巴斯汀做了一个题为"关于杜南先生主持的国际大会"的德文报告。尽管他颇具辩才,却未能说服与会者,正如柏林的主席相当委婉地总结的那样:"大会应当,在我看来,满足于了解杜南先生的尝试,向他表示感谢,并祝愿计划于日内瓦召开的大会能有助于减少战事所必会导致的健康和生命的牺牲"。

凭借一份濒临知识分子诚实底线的机智,国际委员会的秘书立即以一种如获至宝的说法介绍了这些事件。1863年9月15日,杜南收到了王室印刷厂(偶然选择的……)交付的、刚刚为他完成的一份文字不多的文件:用于补充9月1日从日内瓦寄发的《通函》的《柏林通函》。它以一个令人赞叹的模棱两可的句子开篇:"普鲁士内政大臣艾伦堡伯爵先生阁下,9月12日星期六柏林统计学大会隆重闭幕。在此次会议中,针对大会已有的建立国际战时伤兵救护常务委员会的议题,通过了一项完全有利于该计划的决议"。依靠普鲁士大臣及与会者表面赞同的担保,杜南以国际委员会(委员会甚至对这一新情况毫不知情)的名义要求"医务人员"和"受到承认的志愿救护者"享有中立地位。将他的《柏林通函》寄发后,他便出发传布好消息。

10月2日,他在德累斯顿受到了国王让·德·萨克森的接见,获得了国王的支持和同意派遣一名代表的预先通知。尤其是,他记录下这位令人敬畏的对话者的慷慨陈辞:"我将尽我所能,因为一个不加入这项人道主义事业的民族定将被欧洲的公众舆论所放逐"。一回到酒店,杜南便将这一天剩下的时间和晚上的主要时间用来大声宣扬萨克森的几乎是官方的支持,以及这位在欧洲受人尊重的国王的不容置疑的评判。

他从德累斯顿前往维也纳,由于皇帝不在首都,瑞士大使为他安排了莱纳大公的接见。10月12日,他在慕尼黑受到巴伐利亚战争大臣的接见。14日,他抵达符腾堡王国的首都斯图加特。17日抵达达姆施塔特,拜访黑森大公国。18日抵达卡尔斯鲁厄,拜访巴登大公国。这些公国中的每一个都将派遣一名代表。

10月20日,不知疲倦的朝圣者参加了国际委员会在日内瓦的一次会议。所有评论家都不会忘记莫瓦尼埃对《柏林通函》的评论:"我们认为您在要求不可能办到的事情。"鉴于另外三位委员没有一人对这一尖刻的批评进行修正,看来这位秘书没有得到其同事们的追随。日耳曼君王们的欢迎与日内瓦人过于谨慎的忧虑之间形成了多么鲜明的对比!

准外交大会:1863年10月26日至29日

看到出席会议的36人名单时,杜南狂喜。事实上,十四个国家通过派遣官方代表表达了他们的关切。

《军队修士》的第一张插图,亨利·杜南亲笔画的草图

莫瓦尼埃和杜南印刷了《和解协议草案》、与会者名单、议事日程,他们举行招待会,丰富外交官们的晚间活动,并使他们能够更好地相互认识。工作地点在现在的雅典宫。这次会议的组织呈现出一个重要特点:日内瓦国家没有被请求做任何事情。准外交大会越是渴望成为政府代表们交流的地方,组织者们越是避免与他们自己的政权机构合作。

杜福尔将军在主持第一次会议时提及了伤兵们令人担忧的境遇,并且强调,医务部门在交战过程中常常应付不了局面。

他以一个愿望作为讲话的结语:无论是乌托邦还是现实,志愿护士组织的计划值得详细研究。随后他将自己的主席职务交给了古斯塔夫·莫瓦尼埃。

莫瓦尼埃从一开始就引证1863年9月1日的《日内瓦通函》,以这种方式坚持无视《柏林通函》及其对中立地位的呼吁。在一些关于和平与战争的论述后,他回归主题,向他亲爱的同事杜南提出了软中带硬的批评意见:"志愿护士组织,如其在《索尔费里诺回忆录》中所被勾画的那样,引发了诸多批评,但是这本书里包含着一个值得仔细研究的崇高思想。"

接下来,"亨利·杜南先生,委员会秘书,宣读了下面的大会成员名单",并交阅了寄给国际委员会的、换句话说是寄给他自己的、信件的大量摘录,共印有十一页。

随后接踵而来的是磋商,一般性注意事项和会议本身议程。好几位发言者向使他们来到这里的人表达了敬意。例如，外科军医兰达·德·马德里："杜南先生曾在索尔费里诺凝视战场,这使他发出了得到诸多共鸣的内心呐喊"。

最后,进入实质辩论。经过了热烈的、有时是紧张的交流,因为某些发言者给人希望制造僵局的感觉,《和解协议草案》变成了十项《决议》。在每个国家,成立通过与其政府合作,筹划帮助军队医务部门的方法。在和平时期,它准备救援物资并培训志愿护士。在战时,志愿护士们被安排"服从军队长官的指挥"；他们佩戴"白底红十字臂章作为统一的识别标记"。各国的委员会之间可以组织召开国际大会。并作出了对于未来的红十字国际委员会来说至关重要的决定："不同国家的伤兵救护委员会之间的信息交流由日内瓦委员会暂时居中协助"。"暂时"一词自那时起持续了近一个半世纪！

大会还提出了一些《建议》,其中着重强调了伤员、官方医务人员和志愿护士的中立地位。

1863年10月29日,准外交大会以给予《索尔费里诺回忆录》的作者以殊荣宣告结束,这得益于他的荷兰朋友巴斯汀在最后一分钟的发言,他提议大会宣布："通过不懈努力促成对战场有效救援方式的国际性研究的亨利·杜南先生,以及鼎力支持了杜南先生宣讲的伟大思想的日内瓦公益会,他们有功于人类,并赢得了全世界公认的响亮称号"。

外交大会的准备工作：1863年11月~1864年7月

国际委员会被赋予了三项使命：发行《决议》和《建议》、鼓励建立国家委员会、筹备召开外交大会。11月4日，它已经发表了《1863年10月26、27、28和29日在日内瓦召开的，旨在研究补充战地武装部队中医疗服务不足的方法的国际会议的报告》。谁编写了这份篇幅庞大的文件？著作问世时没有作者的名字，但是谁在第149页签了名呢？"大会秘书，让·亨利·杜南"！

在日内瓦，国际委员会决定建立一个志愿护士地区分部。这次又是由秘书进行联系，招募成员，提出名单，召开于1864年3月17日举行的成立会议。同样一批人承担同样的职责：杜福尔出任主席，杜南行使东道主和秘书的职能。十四位日内瓦人组成了这一分部。在会议进程中，关于使奥地利、普鲁士两国与丹麦对立的大公国战争引起了关注，他们决定以此切题。作为观察员，路易·阿皮亚与荷兰人夏尔·梅迪特·范·德·韦德后来成为了国际红十字会最早的两位代表，红十字国际委员会147年来管理和推动的一项辉煌活动的先驱！

受到在法国首都获得的鼓舞，杜南在皇帝的支持下竭力在巴黎建立一个国家委员会。在吸收了数个有影响力的圈子里

的知名人士,如银行家黛奥多·凡尔纳、弗拉维尼伯爵、社会公益活动家奥古斯坦·科尚和于贝尔-萨拉丹上校后,他召开并主持了未来的法国委员会的第一次全体大会。5月25日,杜南发表了一个令人信服的演讲,他在演讲当中提请重视委员会的目标并提出了一份章程草案。在孟德斯鸠-费桑萨克将军公爵颇具威望的主持以及皇帝的支持下,一个临时委员会当即组建。

在1864年的上半年期间,杜南发表了《战场上的慈善》,这是一本类似慈善运动的演变编年史的图书,随着记录一些进展,不断地有了新的修订增补版。后来,一些人将它视为红十字国际委员会自1869年起定期发表的《红十字国际评论》的前身。

通过施加影响——这种影响甚至超越了欧洲和基督教的严格界限,杜南同样完成了一个幻想者的使命。借助于瑞士驻巴黎大使雅克·孔哈·凯恩,他终于使日本大使做出响应。并且,他再一次看得很准:这个朝阳之国将成为亚洲第一个建立红十字国家协会的国家。

在1864年3月13日的会议上,杜南向他的同事们传达了一个消息:拿破仑三世刚刚通知他,法国愿意"通过其外交大臣与欧洲各宫廷就中立地位问题商谈外交合约"。这则消息至关重要,因为法国的参与可以把原本出自非官方会议的《决议》

和《建议》带入外交领域,提至最高级别。

1864年4月22日,德鲁安·德·吕斯——相关的法国大臣,召见杜南并向其证实法国准备协助瑞士。他希望会议能在伯尔尼举行,那里是邀请发出国的政府所在地。杜南向他作出解释,该项运动诞生于日内瓦,并且他本人作为发起人,强烈希望自己出生的城市承办,使1863年10月的大会的鼓舞人心的成果尽善尽美。法国大臣表示同意,杜南立刻从巴黎通知了他的同事们。得益于杜福尔将军有效的调解,瑞士政府接受了应采取的操作方法,并将实施工作交给了国际委员会。于是,1864年6月6日,联邦政府邀请约定的国家出席8月8日开始的日内瓦外交大会。几天后,法国政府将一则支持这一创举的消息发送至这些国家。

十六个国家回复将派代表参加,因而必须按照礼节迎接他们。联邦邀请,莫瓦尼埃协助杜福尔,保证与伯尔尼的联系做到尽善尽美。

至于与日内瓦政府的关系,情况就不一样了。5月7日,杜南从巴黎告知国家议会主席——激进党人夏莱-韦奈尔,是他,亨利·杜南,选择自己的家乡作为外交会议的召开地。依其所言,这个结果一切取决于他:"我所继续的事业;……法国皇帝以一种特殊的方式向我表达了他的关注……我向其请求……法国皇帝让我了解到,他完全同意做我所请求的事情"。

没有一个字是关于他的同事们的！然而，他的同事们已经委托杜福尔负责与他们的地方权力机关协商。我们能够想像得到，当发觉自己被杜南抢先，而且是以这样的方式时，将军（以及莫瓦尼埃）的反应会是怎样。

我们知道这些社会公益活动家与当时执政的激进党之间存在着距离，甚至是敌意。属于在1846年大革命中被打败的民主党的社会公益活动家们什么也不想欠后者的。5月7日的信中的高傲语气，几乎是带有挑衅性的，毫不掩饰地突出了这一点。此外，1864年6月29日，莫瓦尼埃的心里话也证实了这一点。关于在会议期间安排一次游湖活动的相关事宜，他向杜南透露道："我们或许可以向联邦议会申请此事，但不能任由州议会提出，它会邀请它的所有追随者并给这次聚会带来少许蛊惑人心的基调（原文如此）"。简言之，日内瓦政府适合做的就是提供其传达人员和"一位为会议服务的着盛装的礼宾官员"。关于这一点，杜南站在同一条线上："我一千倍地赞同您的观点，不要大众化的聚会。"

1864年8月的外交大会
第一个《日内瓦公约》

大会于8月8日开始，22日结束，在州政府大厦的亚拉巴马厅（后因一次国际仲裁而出名）举行，作为国际人道法基础的《日内瓦公约》就在这里签署。杜福尔主持会议。莫瓦尼埃同勒曼医生一起以瑞士官方代表的身份参加大会。

十六个国家派出了代表,其中十二个国家授予其代表签署条约的权利:巴登、比利时、丹麦、西班牙、美国、法国、英国、黑森大公国、意大利、荷兰、葡萄牙、普鲁士、萨克森王国、瑞典-挪威、瑞士、符腾堡。四个国家表达了因现实原因不能参加谈判的遗憾:巴西、希腊、墨西哥和土耳其。

构想之人却身处局外。当然,他被允许列席(而不是参加)磋商,但没有特殊的身份;阿皮亚、莫努瓦、范·德·韦德不也同样享有列席磋商的特权吗?切入问题的方式、基本原则、最终决定,一切都证实了杜南的看法和预感,但是,都不如1863年10月的准外交大会更清晰,他具体参与了此次会议文件的拟定,却不能介入要害问题。《日内瓦公约》几乎是在没有他的情况下完成的,但不管怎样是在其身旁。确实,他在日内瓦的职责好像已经结束了。

然而情况并非完全如此,因为一个意想不到的地方事件再一次显现出了他的服务意识和勇气。签署最终文件的那一天,正在举行一次日内瓦政府的补充选举。由于失败党对结果表示怀疑,选举转变成了一场骚乱。一些人拿起了武器,开枪,相互射杀;一些示威游行者怨恨州议会议员,试图把他们从州政府大厦揪出来。杜南让人把门都关上,并向一伙闹事者的代表解释,这里只有欧洲人道外交官。按照其《回忆录》所说,会议的闭幕式没有受此影响。"尽管哄闹的声浪一直传至全权代表

外交大会的代表们,1864年8月8日至22日
由在椭圆形画像中的亨利·杜南组织的合成摄影

们,他们并未受此干扰。然而,字一签完,这些由仁慈的君王们为公益事业派遣来的可敬的代表们就都争先恐后地溜走了,他们渴望亲眼目睹一次一个与他们在各自祖国已经习惯的体制如此不同的制度的美妙之处。杜福尔将军和我在州政府大厦留守到最后;我让人去找一辆车,并陪伴着可敬的大会主席,他很伤心,郁郁寡欢。"

外交大会闭幕时,全权代表们为了昭于后世,在精心设计的位次中一同摆好了拍照的姿势。尽管像其他人一样关心自己的品牌形象,杜南被排除在了为摄影师摆姿势的团体之外,因为他没有代表的身份。他没有因此无动于衷而且甚至表现出比职业外交官更加精明。由于负责庆祝活动,所以让代表们在胶片上不朽的任务便落在了他的身上,但当时的技术能力使得这一"全家福"合影只能通过剪辑合成。因此,杜南悄悄地让人将自己的肖像(镶有带花图案的相框)悬挂于作为背景布的墙上。如此一来,他便居于全体之上。

荣耀和接踵而至的失败:1866~1867年

1866年9月,普鲁士庆祝其对奥地利作战的胜利。为了表示对红十字会创立者的崇高敬意,普鲁士君主国邀请他出席盛大的晚宴,并安排给他一个在王室餐桌上的位置。国王本人和他进行交谈,然后是王后,再然后是王子和众多朝臣。在他的女性仰慕者当中,奥古斯塔王后表现出了抑制不住的狂热崇拜。整个晚宴过程中,她都自豪地将红十字臂章戴在显眼的位置上。一天晚上,她邀请了这位社会公益活动家,只为了向他讲述《索尔费里诺回忆录》多么地令她感动。她甚至让她的国王丈夫阅读此书!最终,她赠送给他"一个非常漂亮的大天使米歇尔的大理石雕像,在天使的胸前,有一个她令人涂成红色的浮雕的十字架"。

1867年7月,法国首都迎来了一次国家红十字会的会议,8月底,一次相当正式的红十字国际大会举行了,该会是红十字会一系列会议的开端(2011年将召开第三十一届大会)。杜南在此次大会上提交了一份有关战俘的书面报告。

在同一个夏天,他接任了一个新的副主席职务;此次是有关派往巴黎万国博览会的代表们的全体委员会。红十字会在那里拥有一个重要展位,而国际委员会则享有一项有趣的特权,正如杜南在给莫瓦尼埃的信中写道:"只有我们有权展示船只。请帮我们找一艘无论什么样的救生船,尽可能漂亮的,通过引起那些湖泊协会的兴趣,我们也许可以弄到一艘国旗色的、饰有钥匙和雄鹰的漂亮船。"他的付出应当令人满意,因为他以个人名义荣获了一枚来自万国博览会组织者的金牌。

1867年7月7日,法国第一夫人请来了这位国际红十字会

的头号人物。事实上她希望受伤的海军士兵能够享有只针对陆地伤兵的《日内瓦公约》所带来的保护。根据杜南《回忆录》中的说法，他感到自己被授予了一项令人愉快的委托："我回答说，在我看来，我的个人使命已经结束，但是法国政府正居于发起此类创举的有利地位。'不！皇后欧仁妮反驳说，必须是您！'"

作为骑士级荣誉勋章获得者、皇后的私人使者，杜南在1867的初夏达到了荣耀的顶峰。然而衰败已经开始。事实上，他是"日内瓦信贷银行"的董事，该银行刚刚在几个月前宣布破产。针对这一特别令人担心的迹象，行事极为谨慎的莫瓦尼埃于1867年6月12日用令人惊愕的措辞提醒派往巴黎万国博览会的联邦特派员："我必须提请您，十分秘密地，留意亨利·杜南先生可能的言行，他到目前为止仍是国际委员会的秘书。我们有很充分的理由不希望今后由他代表我们。所以，如果他企图以我们的名义行动，我将会感激您能够拒绝他"。

从巴黎，那个他希望能够重新站起来的地方，杜南寄出了他的《国际伤兵救护委员会秘书辞呈》。1867年9月7日，莫瓦尼埃回复他："国际委员会，在昨日的会议中，阅读了您于8月25日寄给我的信件。委员会认为您的意向不仅是放弃秘书的职务，也是放弃委员会成员的职务，并且为了避免任何误解，委员会委托我转告您，它按照这一含义理解了您的辞呈"。

亨利·杜南在卡皮托勒与达尔佩亚岩石两地中间

没有一个对曾经给予的帮助表示感谢的字眼！没有一句对老"朋友"的困境表示同情的话语！那位破产者再也没有回到他出生的城市。他远居他乡四十余载,在日内瓦仅度过了不到三十九年的岁月!

破产与1867年的远居他乡

为帮助理解破产之灾发生的缘由,应强调指出的一点是,蒙杰米拉磨坊作为一家公司从未达到赢利点,并且杜南对它的照管不足。更为严重的是,他冒险对木栓槠森林进行费用高昂的开发。由于长期缺少现金流使得投资陷入瘫痪,他开始从事危险操作：为了兑现向股东们许诺的股息,他求助于致命的权宜之计,即当他不进行市价投机时,采取损蚀资本、高估资产、甚至创办新公司等手段……

杜南开始了挽救公司的奔走。从自己六年前远赴卡斯蒂廖内一事得到启发,他于1865年5月3日获得觐见拿破仑三世的机会,并请求皇帝对临时组成的"阿尔及利亚信托公司"的创建予以支持,但以失败告终。为了获得新资金,他拼凑起一个"阿尔及利亚公司",仍然失败。他为了让一位获胜的同行收购自己的公司而东奔西跑,他向其银行界的关系呼喊求助,但无一得到帮助。

其中,杜南有一笔三十万瑞士法郎的债务是"里昂信贷银行"于1865年为蒙杰米拉磨坊公司借给他的。怀着避免诉讼耻辱的希望,杜南家族向股东们让出了在阿尔及利亚的所有财产。亨利处于完全破产的境地,达尼埃尔(他的弟弟)也失去了他的主要财产。就金融家们希望项目赢利而同意接管的角度来说,这一清偿和解方式至少显示出他的投资是有道理的。

还有一个更恶劣的事件沉重打击了杜南。杜南未经估算开发费用便购买了一处位于费费拉的大理石采石场。孤注一掷,他设法将采石场卖给了日内瓦信贷银行,他那时成为了该银行机构的董事。这笔交易立即给他带来二十万法郎,但是他保证过要将该采石场转卖给一位法国投资人,而此人并不存在!啪嚓一下,1867年2月25日,日内瓦信贷银行破产了,清算人很快便识破了骗局。1868年8月17日,民事法庭——当时日内瓦的最高法庭认为"杜南先生,故意欺骗了其同事,应当承担由此事造成的所有损失"。因此,费费拉的卖家被宣布为日内瓦信贷银行破产的责任人。所有的赔偿让他不堪重负。此外他还忍受着被视为整个事件唯一说谎者的耻辱。这是终审判决,它刊登在《日内瓦日报》的头版,并转载于《沃州法庭报》,这两份报纸流传于整个商界,并且远不止于此!

这次事件造成的第一个后果,是杜南于1867年春天离开了他的出生地。从此,他再也没有回去过,并且除了少数几次例外,他再也没有见到他的父母、兄弟姐妹、亲朋好友,以及所有曾经相信过他的人。第二个后果是没落。这位身边曾有两

位秘书和一位佣人的人,经历了拮据,然后是贫苦,最后是苦难。

第三个后果是,被红十字国际委员会开除。毋庸置疑,由于他们所代表的机构的地位本身的要求,莫瓦尼埃、杜福尔、阿皮亚和莫努瓦摆脱了杜南这一"害群之马",他们的见解是正确的。国际委员会基于一个严格约定的基础之上,这一基础由于一些大国渴望将人道主义运动的世界总部吸引到他们本国的首都而更加易受攻击。只有国际委员会每一名成员的能力和道德威望能够保证它的光辉和继续存在的可能性。这就是为什么必须开除丧失了荣誉且自己没有明确下定决心的人。一旦高烧退去,在急性炎症发作时进行的令人痛苦的手术越是证明无错,针对患病器官的治疗就越是会引发争议。从这次的决裂引出杜南与莫瓦尼埃(虽然他以主席的身份而非个人名义行事)之间无情的对立。终其一生,两个人都在往对方的伤口上撒盐,直至死亡,甚至超越生死!

摆脱困境的几次尝试

"1867年5月,当我最终离开日内瓦前往巴黎时,遭遇灾祸的我已经一无所有,诽谤我的人颠倒黑白,那是一种可憎的恶意中伤。这一时期过后,我曾数月处于悲伤、绝望、匮乏和饥饿的状态,没有人可以想像得到。我不再知道该说什么、做什么!一位贤德之人马克斯·格拉齐亚那时来拜访我,带着一份值得注意的"世界丛书"的方案,可说是所有国家、所有时代人类思想杰作的文集"。

《回忆录》中这动人心弦的一页与现实相一致吗？根据《国际世界文丛》现存的少许记载来看,也许是的。不管怎样,这一方案超过了只是宣告的阶段,因为帝国的公共教育大臣——维克多·迪律伊许诺将该套丛书纳入法国所有的图书馆。一份与银行家们的协议被签署。马克斯·格拉齐亚找到了隐名合伙人,除给予杜南报偿外,还雇佣了与妻子和孩子们定居在巴黎的达尼埃尔(杜南的弟弟,在阿尔及利亚损失惨重)。似乎甚至有两本书在1870年7月底已印刷,但是是哪两本？没有一位历史学家见到过！

另一段插曲给杜南的心灵带来了慰藉。1870年6月,在拿破仑竞技场,在六千人面前,"作为《索尔费里诺回忆录》的作者和惠及伤员的国际事业创始人",同时也因其"为人类的效力",杜南获得了荣誉奖章。然而,当百万债务缠身时,一个金属的圆片又有何用?

1870至1871年的普法战争爆发时,杜南定居在法国首都。在进行人道主义活动的同时,杜南还尽力设法去赚钱。他同某位谢隆医生一起,参与到一桩最终不了了之的止血敷料的生意

当中。

------✦------

正如红十字会与出售的敷料在杜南的头脑中和睦相处,同样地他觉得巴勒斯坦的殖民地化和犹太人的银行完美互补。更何况"上帝的选民"的回归是一个他在上主日学校时就拥有的梦想。1857年,在《突尼斯摄政概述》一书中,他用了一个章节来论述"突尼斯犹太人的习俗与迷信",在其中指出了上帝允诺的迦南圣地对于散居各国的犹太人的不可抗拒的吸引力。

1867年7月,欧仁妮皇后就海战问题召见杜南时,为何法国驻君士坦丁堡大使也在场?答案出现在此次召见的议事日程的第二项:巴勒斯坦问题。事实上,法国第一夫人把自己装扮成罗马教廷的庇护者,尤其是在基督教民族最神圣的城市。对于杜南的方案,她只能表示赞同,方案中"耶路撒冷圣地的重建从此以后将是国际化的,并且以一种与基督教民族相称的方式"。她命令与此事相关的布雷大使调研两个具体项目的现实可行性:一项是恢复使用过去为耶路撒冷供应饮用水的所罗门引水渠,一项是创办一所将由她赞助的济贫院。调查完毕,外交官们与当地的东方学者强调指出了这类方案的冒险性。

同样遭到了詹姆斯·德·罗斯柴尔德男爵的拒绝后,我们的朝圣者在基要主义新教徒那里,即符腾堡圣殿骑士团协会,得到了较好的待遇。这些人希望重建耶路撒冷古圣殿,这是在基督重返人间前必经的阶段。他们聘用杜南,目的是希望他能够帮助获得当时的圣地之主——土耳其的许可。杜南领取到允诺的薪水,但却从未能够提供出被期盼的许可。关于此次失败的谈判,现代的圣殿骑士们因为欣赏杜南作为谈判人的诚恳工作而没有对他心生怨恨。

悲惨与竞争的时期

构想并组织了那么多的活动、那么多的项目、那么多的委员会、那么多的享有盛名的扶助机构后,这位没落伟人的日常生存条件又是怎样的呢?依杜南所言,1867 至 1870 年是他最困难的时期:"1867 年 5 月,为了捍卫权益,我离开日内瓦前往巴黎。在那里,我成为了牺牲品,我那时不再有资本,不再有财富,一句话,我的资产项下一无所有。……我能做什么呢?悲惨的、有时是悲痛的 22 年,尤其是这段极度苦闷的时期的前五年,狠狠地惩罚了我应受谴责的轻率行为"。

在遭受物质匮乏的同时,杜南还承受着犯罪感带来的折磨:他使得近亲破产、辜负了朋友的信任、犯下了违法的行为。1867 年成为其参照年,如十字架上的荆冠,如插入肋下的长枪。而且情况更为严重,因为他没有把长期的苦难视为一己之错的结果,而是一门心思地认为被自己从前的朋友和同事们反戈相击了。

事实上,这位国际委员会的前任秘书相信,莫瓦尼埃千方百计地使他在整个欧洲的红十字会内部名誉扫地。

于是,他以狡猾多于优雅的方式做回击。当然,他不再属于国际委员会,当然,他不再是任何人道主义运动机构的活跃成员;但是,作为事业的创始人,他要求拥有用红十字标志装饰其信纸的权力。

杜南采取的更为有争议的举动是,他通过建立一些与产生于《日内瓦公约》的机构相似或相竞争的协会来发动某种反击。例如在1874年,他在《世界联盟比利时公报·战场上与和平年代国际慈善期刊》上炫耀地使用了一个红十字。在有损于被授权保管及保护其标志的红十字国际委员会的情况下,杜南毫不犹豫地将该期刊命名为《红十字》,正如他将世界联盟英国分部的期刊报亦提名为《红十字》一样!

这场消耗战直到两位主角去世才宣告结束。没人能够说清究竟哪一位进行了最猛烈、最不光彩的攻击。相反地,很明显的是,杜南,这位因故逃亡异乡之人,相较而言更经不起打击。

1870至1871年的普法战争
巴黎公社

拿破仑三世战败于色当,第三共和国于1870年9月4日宣告成立。由于法国红十字会的高层均是波拿巴王朝的拥护者或保皇党人,所以他们对于和加速了帝国衰落之人进行商谈颇为反感。于是,他们委托来自日内瓦的杜南在共和国政府面前作为他们的代表。9月11日,外交部长于勒·法弗尔接见了杜南;几天后,《政府公报》便转载了《日内瓦公约》的摘要,尤其是第五条:"接纳在屋内并受到照顾的任何伤者应被认为是在该地受到保护,在其屋内接纳伤者的任何居民应免除向军队提供住宿,并免除可能征收的对战争的一部分捐献"。

当首都居民起义反抗设立于凡尔赛的法国当局与德国之间已通过的协议时,巴黎公社建立起一个吓坏了许多显要人物的革命政体。得益于其瑞士护照,杜南帮助法国红十字会的一些要人逃出了被围困的首都。在战火中,他很少顾及危险,重返历史的前台使他有些飘飘然。他甚至凑集法国合法政府、巴黎公社社员们以及欧洲外交官们进行了一场谈判,但是这次调解的尝试失败了。

自觉处境无望,巴黎公社社员们开始任意处决革命对象。杜南不顾亲属的忠告留在了巴黎。因此,1871年五月末,他身处其境地目击了政府军镇压起义者时那可怕的地狱般的一周。

在卡斯蒂廖内,杜南发现了伤兵们悲惨的境遇。但是他没有目击屠杀,并且他意识到那是一场职业军人之间的对决。在这样的背景下,他认为应当寻找一个针对战争后果的补救办法。

在巴黎,他置身于一个人间炼狱。在那里,非政府的一方在丧失战斗力后惨遭清算。他是一场针对民众和平民战斗人员的镇压的目击证人。面对这种极端的惨无人道的景象,杜南发觉战争掀起了无节制的暴行,而他应当抨击的正是那些导致战争的原因。

秩序与文明世界联盟

1871年的初夏,杜南结识了莱奥尼·卡斯特纳,她是银行家布尔索的女儿,也是一位成功音乐家的富有的遗孀。她向杜南提供膳宿,甚至帮助他启动一项新的计划。

杜南注意到,当和平重新降临后,领导阶级并不满足于无情的镇压,他们因巴黎人民受到巴黎公社领导者的理论影响而深感不安,他们感觉需要开展一项深层次的运动。这就是秩序与文明世界联盟创立的原因。

联盟的第一次大会于1872年6月3日至8日在巴黎召开。一千多名与会者签署了纲领:"世界联盟以宗教、家庭、工作和所有权的合法利益为原则"。杜南看起来像是这一田园交响曲的乐队指挥。他编写了《非周期性公报》的主要部分,鼓动联盟各分部出版刊物。在法国,是《红十字旗帜》;在比利时,是更加简洁的《红十字》。为了避免1867年夏天的不幸遭遇再次重演,他使自己被任命为法国分部的"终身秘书"和英国分部的"国际终身名誉秘书"。奇怪的是,杜南所参与的主要工作,比起社会和平来说,更多地属于国际关系的范畴:战俘、国际仲裁以及反奴隶制的斗争。

对战俘的保护

终其一生,杜南始终都在关注战俘的境遇,但是由于《日内瓦公约》不保护战俘,杜南多次为了他们的利益出面调解。正如我们所看到的,在1867年第一届国际红十字大会时,他递交了一份有关《送达战俘金钱与实物救助的最好方式》的陈情书。尽管他的报告被接受了,但最终还是沦为一纸空文。

1872年8月6日,他受国家社会科学促进会之邀为其《统一战俘条件的建议》进行辩护。1873年9月15日,他在布赖顿仍旧为《战俘条约》辩护。

最具体的创举出自巴黎,当一个致力于改善战俘境遇的国际执行委员会在世界联盟内部组成时,杜南作为国际秘书出席。如同在红十字会时一样,他起草了一份协议草案,然后每个人利用各自的关系以争取各个政府派遣代表来参加会议。这一构想的诱惑力如此之大,以至于它反过来损及其发起人:俄国剽夺这一命题,将其并入一个关于战争法规和惯例的更为全面的方案,迫使创始委员会退出(杜南和他的朋友们被剥夺了一切),并于1874年筹备了一次在布鲁塞尔召开的外交大会,但其最终《宣言》从未获得认可。尽管杜南的计划曾是美好的,但却流产了。

国际仲裁

1872年6月4日,世界联盟大会指定了一个委员会,负责收集与国际仲裁相关的判例,杜南被任命为副主席。

1872年9月,在普利茅斯,他表态支持为避免战争而建立一个国际仲裁法院。他的讲演获得很大成功。被流放英格兰的拿破仑三世亲笔写道:"我感谢您,先生,在普利茅斯的大会上发表了令我愉快的言论,我祝贺您为一项造福人类的事业做出了慷慨的努力"。多家报纸对此做了简评,这些简评转载了日内瓦人的长达数页的报告,有的还带有令人印象深刻的导言:"最重要的报刊阅读之一来自亨利·杜南先生(瑞士人),红十字会与《日内瓦公约》的创始人。"尽管颂扬之词如大雨般落下,他的国际仲裁方案仍没有达成任何具体的结果。

反奴隶制的斗争

杜南在翻阅过《汤姆叔叔的小屋》后,有幸拜会了小说的作者:"我于1853年底前去看望比彻·斯托夫人,她那时暂居日内瓦,住在一位成为了日内瓦人的英国夫人法齐·梅耶夫人家,梅耶夫人的丈夫是杜福尔将军的一位亲戚。斯托夫人的谦逊与纯朴是高贵的,她在古老的欧洲所辩护的正是人道主义事业。"

在1857年出版的《突尼斯摄政概述》中有一整章是关于奴隶制的。突尼斯的情况得到了顺利解决,因为贝伊刚刚在他的整个王国废除了奴隶制。但是杜南研究的重点是比较奴隶的地位在穆斯林国家与在基督教国家、尤其是美国之间的不同。一方面,人道的对待往往伴随着慷慨的解放;另一方面,残暴的所有者们拥有几乎是至高无上的权力,法律准许主人在对待他的"两条腿的牲口"时,可以割掉舌头或是弄瞎眼睛。

当新兴的红十字会的旋风挟裹其前行时,国际委员会的秘书于1863年春天找到时机发表了《穆斯林国家的以及美国的奴隶制》。实际上,他转载了《概述》中的相关章节,并为实现出版而加入了大量的注解。

十年后,痴心不悔的国际主义者杜南再次进行反奴隶制的斗争,而这一次是在世界联盟的范围内。在加入强大的英国及海外反奴隶制协会后,他请求各国政府参加于1876年3月召开的预备会议。然而计划失败了,只残存下一份《关于黑奴贩卖现状的陈情书》。大体上,杜南表示,奴隶贩卖活动在全球的许多地区肆虐,所有的司法部均了解禁止贩卖奴隶的国际条约,重要的是必须将这些条约付诸实施。

这一次的失败似乎是决定性的。自1876年起,杜南便从国际舞台上消失了,与此同时,世界联盟也销声匿迹了。

阴郁的年代:1875~1890年

许多历史学家喜欢为那些神秘的年代披上穷困的旧衣。的确,时为流亡者的杜南,大概在1867年至1870年间忍饥挨饿。但那以后呢?

1871年,他结识了莱奥尼·卡斯特纳。我们很难想像这位富有的遗孀会将其信赖之人置于贫困而不顾。再者,大卫叔叔为他破产的侄子设立了终身年金,该年金自1874年起即可发挥作用。1870至1890年间,杜南一直在不断地旅行,他是如何支付旅行的花费的呢?这一切留给人的印象是,在这段黑暗的时期,杜南的生活方式的确是朴素的,但没有次日之忧,总之,从物质方面来看是这样的。不要忘记他还在工作!

以高温唱机一事为例。弗里德里克·卡斯特纳,杜南的女庇护人的儿子,研发出一种由煤气燃烧产生声音的乐器。如说明书所述,可让一台管风琴、或是一个枝形大烛台、又或是一个分支吊灯同时照明、发热并吹出音乐。在一件器物里,三项功能同时发挥作用! 杜南作为公共关系专家负责项目的促销和商品化。可惜,发明者的早逝和卡斯特纳家族的不和夺走了这一古怪项目所有的成功机会。

物质匮乏的传说不再被放大而更加接近真实,让我们再探究一下漂泊之谜。1867年春天,日内瓦信贷银行的董事离开自己出生的城市,开始了自愿而彻底的流亡。在此后的十年中,他一直努力保持自己的社会地位,在巴黎、伦敦和布鲁塞尔都建立了他的基地。自1875年起,他的时间表变得不那么清晰了。他数次长期旅居英格兰。在这些年中,他几乎每年都会在斯图加特逗留至少两个月。1877至1878年的冬天,他与莱奥尼·卡

弗里德里克·卡斯特纳的高温唱机"歌唱的火管风琴",由亨利·杜南负责其商品化

斯特纳一同前往泰辛和罗马。他还同样去过德国、奥地利和瑞士的四十多个地方。在这动荡不安的十年中,他的足迹常变得模糊不清,有时甚至会完全消失,例如在 1885 至 1888 年期间。

根据书信与自传文本的相互印证,我们的旅行者一直忍受着两种疾患的折磨:右手的湿疹和胃功能的紊乱。1880 年,他向自己的朋友兼知己鲁道夫·穆勒抱怨说:"我的身体还是不好;这种身体不适一直在持续,虽然稍有减轻,但仍让我感觉很不舒服;再加上胆囊不适令我胃口尽失,真够烦心的"。 与此同时,杜南还在数封信中道出了骇人听闻的隐情:"我的健康状况好多了,但是,我已经好几个月没有走出房间了。通过绝对和完全的休息给我的身体带来益处,这是很容易的事;你该记得我对此十分需要。"

在此状态下,我们可以提出假设,这位背井离乡之人在十九世纪八十年代遭受了严重的神经错乱。他无法在一个地方定居下来。他很难忍受一位家人的持久的陪伴,即便是非常亲近之人。他迫切需要闭门独处。声音使他感到极度不适。他以自我封闭的方式生活,所有发生的一切都犹如他在经历一场神经性的深度抑郁,又因他坚信敌人要加害于他而变得更加严重。

自 1878 年的夏天起,杜南便要求穆勒在寄信时采用挂号信的方式。他在信中出言谨慎,以防泄露内情或信件被盗。这是为什么呢?

从 1878 年的罗马之行开始,杜南感觉到自己不仅被窥伺,而且还被追捕。他确信自己的三重判断:有人扣留他的信件、他稍一走动便有人监视他,有人出面干涉旅馆老板们让后者驱逐他。为了逃脱这些阴谋,他运用了出人意外的计谋:他署名"保罗"或是"希尔迪奇",他为自己的通讯者鲁道夫起名"蒂莫特"。

1882 年,杜南声称确信有人在苏黎世火车站抢走了他的搬运工。同样不必感到惊讶的是,他在 1885 年 12 月提及自己生了三个月的病,原因是"由于那些法国人的持续迫害,我的肝脏和神经严重不适"。他的被害躁狂症在整个黑暗时期都伴随着他,甚至一直到他生命的终点。关于那些对他有(或者可能有)恶意的人,我们知道些什么呢?

一方面,一些有威望的法国人谴责杜南在 1870 至 1871 年普法战争期间受雇于普鲁士。另一方面,由于杜南事实上热情地参加了文化斗争(1873~1887 年罗马天主教会和德国政府之间围绕教育和教职任命权所进行的文化斗争)而开罪于教皇绝对权力主义者,即教皇主义者。此外,还有一类可能的迫害者来自于他的同胞们:在过分虔诚的加尔文主义者当中,某些人极力要夺走他的红十字会创始人的资格,而其他一些人为能收回在阿尔及利亚的投资中所失去的钱财,甘愿做一切事情。

至于这些迫害者到底是假想出来的还是真实存在的,其实并不重要,重要的是这位不幸之人自己相信他们不仅存在并且还在行动!杜南变成一名精神病患者了吗?我们没有掌握相关的确切证据。但是在他书写自传的笔记本中,有这样一句引发猜想的话:"游移的状态下当场被抓,惹来三个月的监禁"。在那些漫长的、不为传记作者们所知的时期甚或年代里,他在做些什么?蹲监狱吗?这一猜测令人感到惊讶。被关入精神病院吗?我们不排除这种可能性。

尽管受到这些不祥的幻想的折磨,杜南并未因此而被所有人遗弃。一些亲人和忠诚的朋友仍在倾听他、帮助他、相信他。

不要忘记他的家人们:妹妹安娜和玛丽、弟弟皮埃尔-路易和达尼埃尔、侄子亨利·沃谢和莫里斯·杜南、侄女伊莲·沃谢,他们与其保持着联系。尤其是,我们在这里要谈到的两份特殊的支持。

莱奥尼·卡斯特纳点亮了杜南暗夜般的日子:"巴黎重新恢复秩序几个月后,一位我不相识且从未见过的,非常富有、非常慷慨且非常贤德的夫人,在我没有求助于她的情况下前来帮助我"。

尽管这位富有的遗孀与身无分文的流浪者之间的信件全都消失不见了,我们知道,深刻的情感将两人连在了一起。事实上,《回忆录》的若个片段逃过了后来的书信检查:"我从未做过这位夫人的情人。……这位夫人的魅力在于她的优雅、她的沉稳的性格以及沉着的机敏"。但在1880年左右,两人分手了。1888年1月,莱奥尼临终时,亨利不在她的身边。

忠诚者之中的忠诚者,鲁道夫·穆勒是否比这个称呼更重要?无论如何,要描述这一时期,就不可能不提到这位德国中学的教师,杜南于1877年与他结识。

是什么样的感情将两位男人连接在了一起?亨利有时用"你"称呼他的通讯者并特别地称他为"我亲爱的孩子"。他听凭自己的心向对方倾诉:"如果你确信自己拥有了一份诚挚且深厚的友谊,一份真正的、纯洁的、忠诚的和可靠的情感,简言之,一位最崇高意义上的基督教朋友,而这可以带给你勇气。……那么,你可以绝对自信地、安全地、完整地拥有这份确信"。1885年,当鲁道夫结婚时,杜南便停止使用"你"来称呼,他们之间的书信交流也逐渐减少:杜南在1886至1890年期间写给穆勒的信,只有一封流传至今。随后,从1891至1910年,通信重新恢复并且很频繁。那些有文献作依据的、私密的、令人心碎的通信总计约有700封。

在这些阴郁的岁月里,杜南开始填写了一百多本蓝色和茶褐色的本子,历史学家在其中发现了他的《回忆录》。一些本子中布满了阅读笔记。另一些本子则包含有出书计划,如《法兰

西现状,与英国和德国之比较》一文,在文中他公开表明了对其认为"退化的""拉丁民族"发自内心深处的蔑视。在他看来,未来属于"日耳曼民族和盎格鲁-撒克逊民族"。

一件特殊的事情:在他的这些抨击文章中,《耶稣会会士与法国人》一文于1878年被发表。后来该文章变得非常罕见。或许文章的作者在意识到那些针对自己的第二祖国和罗马天主教徒的言论非常荒谬后,尽力使该文章消失不见了?

尽管借助于秘传的谜底,我们的论战者杜南反复阅读《启示录》。他的目标是将自己根据《圣经》的预言描绘出的人类未来告知同时代的人们。他画了四幅《圣经》中某些预言的编年象征图解",帮助说明《圣经》所预言的巨大苦难(或第二次大洪水)与他在十九世纪末预感到即将来临的世界大战之间的直接关系。

对于杜南来说,1875至1890年是一个多病的、因幻想的冲动而心绪不宁的时期,同时也是一个酝酿的时期。但是,就本质而言,这是一段被一个挥之不去的念头所烦扰的时期,这个念头就是要重新恢复自己的红十字会创始人的身份。

在海登重新找到的创始人

自1888年起,杜南数次小住于海登,那里是风行一时的疗

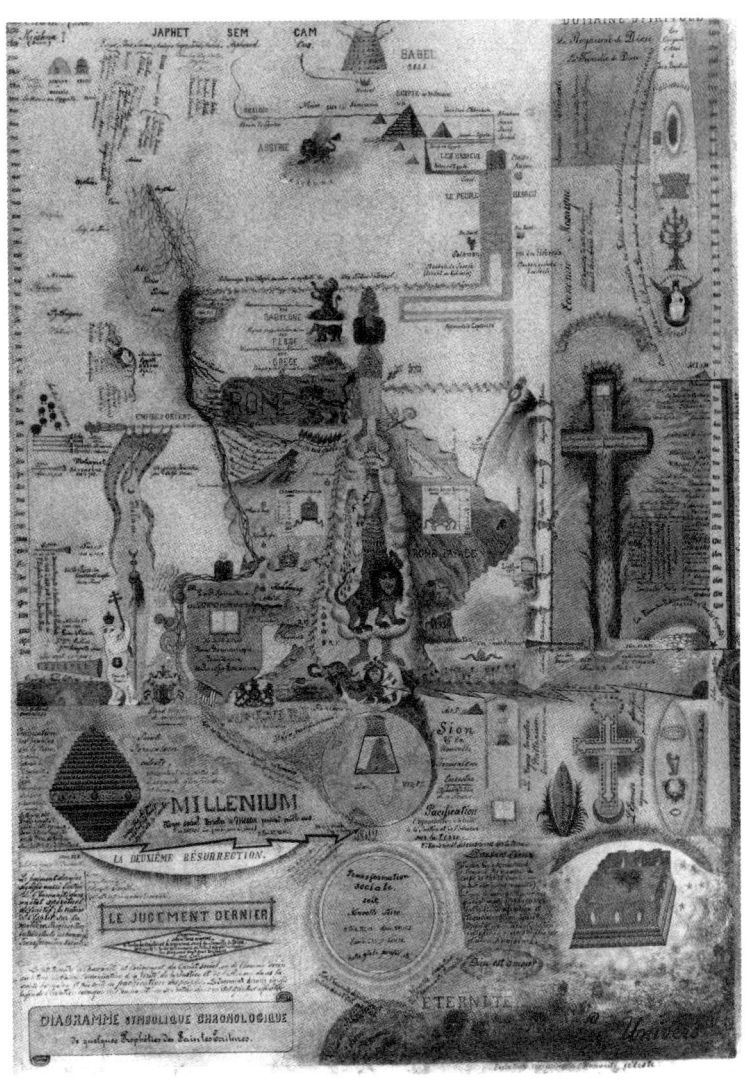

《圣经中某些预言的编年象征图解》

养地,在康斯坦茨湖湖畔,位于阿彭策尔州。两年之后,他亲自建立了海登红十字会并成为了第一位名誉会员。同年,某位科莱维尔医生发表了自己在兰斯科学院所做的演说,目的是为红十字会的创始人恢复声誉。

1892年4月30日,他最终安身于海登医院。在那里,他得到了阿尔特医生的支持,后者不仅会包扎伤口而且懂得倾听。此外,小学教师威廉·松德雷格在通信和出书计划方面帮助他,这之前,因一时弄丢了一页稿纸,这位教师竟被当做不正派的人而遭到了拒绝! 1895年5月17日,杜南成功地使苏黎世的《星期五报》在它的周日副刊中用一整页的篇幅来介绍他。同年秋天,他热情地接待了乔治·邦伯格,这位记者将圣加仑州的《东瑞士》的一期专栏和当时最主要的德国报纸之一《陆地与海洋》上的一篇绝妙的文章献给了他。

这取得了轰动一时的效果:头版上,一位老者光彩夺目的肖像,胡须花白,目光炯炯。一篇简洁而审慎的文章(事实上,邦伯格翻译了杜南为其炮制的相同的语句)。一次极为海量的发行。简言之,这是一条抢先刊载的欧洲独家新闻,因为此前曾有传言说红十字会的创始人已经离世,所以这则新闻愈加引起轰动……

而这些还不是全部!两年后,在斯图加特出版了《红十字会与<日内瓦公约>之诞生史》。作品署名鲁道夫·穆勒,当时的一位可敬的中学教师。作品用德语写成,这是当时最好的史学家学派之一所使用的语言。一切都有助于给予此书可靠、

海登的隐居者

真实、客观的保证。这本455页的书籍的论点？人道主义运动是由唯一一人建立起来的,他叫亨利·杜南;1859～1864年间的那些原则及创举应归功于他——他一个人。国际委员会的其他成员以及那些同情者当然曾经帮助过他,但仅此而已。这本著作取得了决定性的成功,除了在日内瓦。每个人都觉得红十字会终于在穆勒身上找到了其可靠的历史学家。然而,日内瓦图书馆保存着杜南用法语亲笔书写的《诞生史》的手稿的原文,这一文本由杜南的通讯者根据他这位实际作者的详细指示,逐字逐句地进行了翻译。这一运作获得了完全成功,杜南在人道主义先贤祠中找回了自己的位置。

老式的女权论

一直以来,杜南欣赏那些出色的女性并感激她们当中的几位给予他的帮助:哈里特·比彻·斯托、弗洛伦斯·南丁格尔、普鲁士的奥古斯塔王后、欧仁妮皇后。

此外,他相信妇女们通常的教化与安抚作用受到他那个时代剧烈动荡的社会的威胁。于是,他设想了一个保护妇女和儿童的绿十字,如同红十字保护伤兵一样。一个运动的雏形在比利时存在了一段时间,一份名为《绿十字》的期刊甚至曾经出版过。然而,这项事业在接近1900年时销声匿迹了,大概是因为几年来随着从女权论向和平主义的演变,杜南将女权事业纳入了自己新的斗争:反军国主义。

寻求诺贝尔和平奖

19世纪90年代,杜南开始撰写《血腥的未来》,这本雄心勃勃的书稿揭露了欧洲国家的帝国主义。在杜南看来,战争使得最贫穷的人们愈加贫穷。它伤及人类鲜活的肉体。它杀人,换言之,它在数秒之间使一位母亲和一个家庭用20年的时间实现的成果化为乌有。它尤其腐蚀人的思想,因为它用暴力至上取代了基督教爱他人的道德标准。

这上百页的手稿未能付梓出版,但却为数篇引人注意的文章提供了材料,使得成长中的和平主义者思考更加成熟,并找到了具有冲击力的表达方式,如"战争产生战争"或是"贫苦之人的呐喊"。

自1895年起,杜南便走上了摘取未来诺贝尔和平奖的道路,报纸上宣告了该奖项的创立及其巨额现款奖金。他取得了贝莎·范·苏特纳的支持,后者是欧洲反军国主义的主要人物之一,她在其著名的杂志《放下武器!》上发表了自己的数篇文章,并与杜南一起签署了废除殖民的通告宣言:《致远东国家》。

1898年,杜南在《尼古拉二世陛下的主张》一文中,称赞俄国所提倡的限制军备竞赛的外交创举。一个鲜为人知的事实是,杜南一直倚重于斯米尔诺夫医生的持续的帮助。这是一位定居于伯尔尼的富裕的俄国人,是他支付了《致远东国家》的印刷费用,也是他在和平主义者当中支持杜南这个"见弃于世者",这个被全世界所遗忘的人!多亏鲁道夫·穆勒,杜南在挪威找到了忠诚的同盟,如汉斯·达埃军医,甚至还包括诺贝尔委员会内部的诗人比昂斯腾·比昂松本人。

作为精明的谈判者,杜南不怕向男爵夫人范·苏特纳提议分享和平奖,后者正越来越倾向于杜南最危险的竞争对手弗里德里克·帕西。而且,这正是1901年12月10日,当海登的隐居者得到了他如此渴望、如此为其精心准备的奖赏时,所采用的解决办法。这是对他作为和平主义战士和红十字会创始人的认可。

有名望但不宁静的九年

在医院的病房中,杜南收集新闻剪报。他几乎是继续全部拒绝希望与他会面的探望者。他和自己忠诚的朋友们继续着书信交流。他获得了海德堡大学的名誉博士学位。在1906年俄日战争期间,他参与派遣一位阿佩纳泽勒女代表前往日本。他支持一位巴黎老友迪蒂·德·拉蒂克男爵的诺贝尔和平奖候选人资格。1908年,他80岁生日时,来自全世界的祝贺纷至沓来。

以纱掩面是徒劳的,海登县医院的寄膳宿者是一位不幸的老人,即使在所有这些光荣的岁月也如是。他那不光彩的破产依旧困扰着他,尽管他现在可以利用那十万法郎的诺贝尔奖金有所表示,却无力清偿债主们。此外,他相信海登居民对他怀有恶意。尤其是,他患上了真正的迫害妄想症,陷入了时而抑郁、时而躁郁的状态。

针对1892至1910年这段时间,有关杜南的稀少证据相互印证。他独自生活并且只容许一个极小范围的拜访者。多亏有信件,我们能够想象他的日常生活,信件中表达幸福的词语极为罕见。发生的一切都像是他在一个阴沉昏暗的世界里徘徊,在那里经常出没的是报复思想、苦涩、愤怒和反抗。

1910年10月30日星期日,晚上10点左右,杜南与世长辞。他最后的愿望受到了尊重:没有举行任何仪式,火葬后被安置于苏黎世锡尔费德公墓。

触手可及的乌托邦

如此动荡、如此坎坷的人生留下些什么？如此空幻却同时又如此丰饶？

杜南是一名坚定的新教徒，有时极为切近宗教启示，他与马克斯·佩罗一起建立了日内瓦基督教青年会联盟。尤其是，他以决定性的方式加入了如今已成为全球性组织的基督教青年会。这个基督教青年(及略微年长者)的运动至今仍然活跃在一个著名的领域——青年旅社，以及另一个曾被19世纪90年代的和平主义者所珍视的领域——宗教间对话：通过尊重他人的信仰来促进和平的构建。

在慈善心弦的最深处充满了人道主义情怀的杜南同古斯塔夫·莫瓦尼埃一起创立了红十字会和国际人道法。作为在这一方面的新参加者(他当时专心于社会成就以及有利可图的殖民开拓),杜南发现了一些其他人在他之前形成的想法,如野战医院的中立地位。但是,是杜南从整体上构想了人道主义举措,所以它今天能够盛行于任何地区,因为他将人道主义的各个元素组织在了一个结构严密的整体之中:国际主义、继而是世界主义、中立、外交条约、和平时期的准备工作、共同的标志、救援者的专业性……尤其是,他将那些无法回避的原则铭刻于永久,铭刻于无限的期限,即便是在它们看起来并非必须、甚至是没用的时候。

杜南曾由衷地赞美过拿破仑三世的利剑与军队之神,但在人生的晚期,他成为了和平主义者,并怀着新皈依者的虔诚,与贝莎·范·苏特纳一起为反对他那个时代强国的军国主义和帝国主义而积极活动。在一个所有的国家红十字会均为军队辅助部门的时期,他毫不犹豫地抨击得意洋洋的西方国家的神圣不可侵犯的机构。从此,他不再把伤兵或战俘放在首位,他试图医治影响整个社会的症结本身——通过消灭三个"无耻之徒":军队、教会和国家!

幻想者杜南、预言者杜南、激怒者杜南,有时会触碰到可被宽容的极限。由于他对一个更美好的世界的不懈追寻,由于他那冲破顽疾桎梏的抗击强度,杜南成为我们的榜样。

作为人道主义的世界性代表人物,通过其身后的出色成就,杜南向我们证明了昨夜之乌托邦变为了今日之现实。

附录

简要年表
参考书目

简要年表

1828年5月8日	出生于日内瓦,维尔丹纳大街10号
1849年(?)	在银行家吕兰和索特尔·博勒加尔处当学徒
1852年10月20日	基督教青年会联盟在日内瓦成立
1853年	首次阿尔及利亚之旅
1855年8月22日	基督教青年会世界联合会成立,编写《巴黎基本原则》
1857年	《突尼斯摄政概述》
1858年1月8日	蒙杰米拉磨坊股份有限公司
1859年5月	《重建的查理曼帝国》
1859年6月24日	索尔费里诺战役
1862年11月	《索尔费里诺回忆录》
1863年2月9日	红十字国际委员会
1863年	《穆斯林国家的以及美国的奴隶制》

1863年10月26-29日	准外交大会,雅典宫,日内瓦
1864年5月25日	法国红十字会成立
1864年8月8-22日	外交大会与《日内瓦公约》
1865年春天	觐见拿破仑三世,阿尔及尔
1866年9月	受邀至普鲁士王宫
1867年7月7日	觐见欧仁妮皇后,杜伊勒里宫
1867年9月6日	被红十字国际委员会开除
1867年10月	《国际世界文丛》
1868年8月17日	法院对杜南的判决
1870-1871年	普法战争
1871年3月-5月	巴黎公社
1871年6月	秩序与文明世界联盟创立于巴黎,结识莱奥尼·卡斯特纳
	推销高温唱机
1872年9月13日	有关国际仲裁的演讲,于普利茅斯
1873年9月15日	有关战俘的演讲,于布莱顿。
1875年3月	《关于黑奴贩卖现状的陈情书》
1875-1890年	阴郁的年代
1877年	结识鲁道夫·穆勒
1878年4月	《耶稣会会士与法国人》,印刷于卢加诺
	编写《血腥的未来》
1892年4月30日	最终安身于海登医院
1895年6月26日	乔治·邦伯格通过他在《东瑞士》及随后的《陆地与海洋》上发表的文章恢复了杜南的声誉
自1896年8月起	与贝莎·范·苏特纳的合作

1897年8月14日	《致远东国家》
	绿十字会，女权协会，于布鲁塞尔和苏黎世
1897年	《红十字会与<日内瓦公约>之诞生史》
1898年11月	《尼古拉二世陛下的主张》
1901年12月10日	与弗里德里克·帕西共同获得诺贝尔和平奖
1908年5月8日	80岁生日，全世界范围的庆贺
1910年8月21日	古斯塔夫·莫瓦尼埃去世
	古斯塔夫·阿道尔被任命为红十字国际委员会主席
1910年10月30日	亨利·杜南在海登去世
1910年11月2日	火葬并被安置于苏黎世锡尔费德公墓

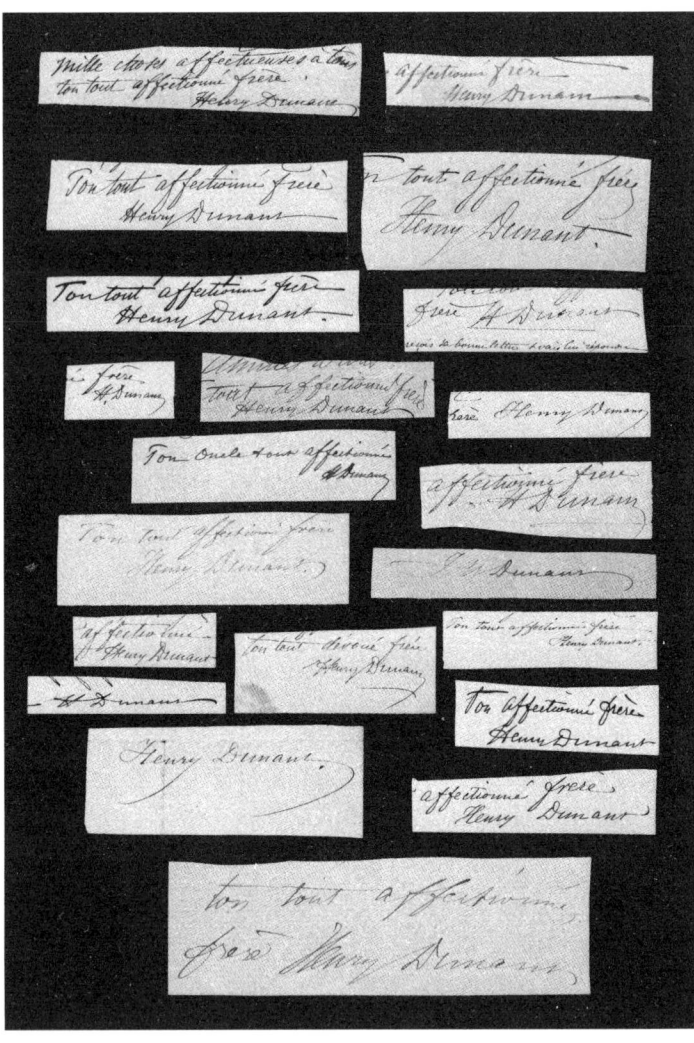

应仰慕者的请求,由亨利·杜南的后人从信件(无人存有其原文)中剪下的签名样本

参考书目

手稿与印刷品来源

亨利·杜南的书信集的最大一部分以及含有读书笔记的本子，都保存于日内瓦图书馆。特别见编号Ms fr.2071至2117，Ms fr.4501至4613，Ms fr.5201至5212。
Manuscrits de la Bibliothèque de Genève.

《1863年10月26、27、28和29日在日内瓦召开的、旨在研究补充战地武装部队中医疗服务不足的方法的国际大会的报告》。日内瓦，Jules-Guillaume Fick印刷厂，1863年，150页。
Compte rendu de la Conférence internationale réunie à Genève les 26, 27, 28 et 29 octobre 1863 pour étudier les

moyens de pourvoir à l'insuffisance du service sanitaire dans les armées en campagne.

鲁道夫·穆勒,《红十字会与〈日内瓦公约〉之诞生史,在其创立者亨利·杜南的支持下》,斯图加特,Greiner & Pfeiffer印刷发行,1897年,455页。

Rudolf MÜLLER, Enstehungsgeschichte des Roten Kreuzes und der Genfer Konvention, mit Unterstützung ihres Begründers, J.H. Dunant.

《红十字国际委员会会议记录,1863年2月17日～1914年8月28日》,让-弗朗索瓦·皮特罗在卡洛琳娜·巴尼斯与弗朗索瓦兹·杜博松的协助下编订,日内瓦,红十字国际委员会与亨利·杜南协会,1999年,858页。

Procès-verbaux des séances du Comité international de la Croix-Rouge, 17 février 1863-28 août 1914.

亨利·杜南的主要出版物

《突尼斯摄政概述》,日内瓦,Jules-Guillaume Fick印刷厂,1857年,262页。带有罗歇·迪朗所写引言和阿奴阿尔·卢卡所写后记的翻印版,日内瓦,亨利·杜南研究会,1996年,14-263-XXVII-14页。

Notice sur la régence de Tunis.

《重建的查理曼帝国或拿破仑三世陛下重建的圣罗马帝国》，日内瓦，Jules-Guillaume Fick印刷厂，1859年5月，46页。

L'Empire de Charlemagne rétabli ou le Saint-Empire romain reconstitué par Sa Majesté l'Empereur Napoléon III.

《索尔费里诺回忆录》，日内瓦，Jules-Guillaume Fick印刷厂，1862年，115页。原版翻印，附有第七版的亲笔手稿复制品，带有罗歇·迪朗与菲利普·莫尼埃所写的引言和让·皮克泰所写的前言，日内瓦，亨利·杜南研究会与Slatkine出版社翻印，1980年，XVII-115-65页。

Un souvenir de Solferino.

《穆斯林国家的以及美国的奴隶制》，日内瓦，Jules-Guillaume Fick印刷厂，1863年，58页。

L'esclavage chez les musulmans et aux Etats-Unis d'Amérique.

《战场上的国际慈善事业，日内瓦公约和索尔费里诺回忆录，世界伤兵救护常务协会》，巴黎，Hachette，1865年，168页。

La charité internationale sur les champs de bataille, Le Traité de Genève et Un souvenir de Solferino, Association permanente et universelle de secours aux militaires blessés.

《送达战俘金钱与实物救助的最好方式》，第一届国际伤兵救护协会会议所做的报告，在《1867年召开于巴黎的国际陆、海军伤兵救护协会会议》一书中，第二版，巴黎，Baillière&Fils印刷厂，1867年，第一部分，338-348页。

« Le meilleur mode de faire parvenir aux prisonniers des secours en argent et en nature », Conférences internationales des Sociétés de Secours aux Blessés militaires des Armées de Terre et de Mer, tenues à Paris en 1867.

《关于黑奴贩卖现状的陈情书》，巴黎，1875年，16页。

Mémoire sur l'état actuel de la traite des nègres.

《致远东国家》，亨利·杜南与贝莎·范·苏特纳著，sl,1897年,3页。

Adresse aux nations de l'Extrême-Orient, par Henry DUNANT et Bertha von SUTTNER.

《尼古拉二世陛下的主张》，海登，1898年，19页。

La proposition de Sa Majesté l'empereur Nicolas II.

《凡尔赛与巴黎之间和解与和平的最后尝试》，法国J.Dangon印刷厂，1906年，38页。

Suprême tentative de conciliation et de paix entre Versailles et Paris.

《血腥的未来》，在亨利·杜南《索尔费里诺回忆录，附：血腥的未来》一书中，文章由D.C.Mercanton选订，日内瓦，亨利·杜南研究会，以及洛桑，L'Age d'Homme出版社,1969年,115-197页。

L'avenir sanglant, dans Henry DUNANT, Un Souvenir de Solferino, suivi de L'avenir sanglant.

《回忆录》，文本由贝尔纳·加涅班排版和介绍，日内瓦，亨利·杜南研究会，以及洛桑，L'Age d'Homme出版社，1971年，366页。

Mémoires

从2000年起出现的著作和评论

www.shd.ch

www.dunant-moynier.org

《亨利·杜南协会公报》，日内瓦，亨利·杜南协会，1975-2010, Nos 1-25.

Bulletin de la Société Henry Dunant.

《百年纪念手册》，日内瓦，亨利·杜南&古斯塔夫·莫瓦尼埃协会：1910-2010, 2006-2010, Nos 1-9。

Les cahiers du centenaire.

赛尔日·班帕热,《我,亨利·杜南,我梦到了世界,红十字会创始人的假想回忆录》,巴黎,Albin Michel,2003年,285页。

Serge BIMPAGE, Moi, Henry Dunant, j'ai rêvé le monde, Mémoires imaginaires du fondateur de la Croix-Rouge.

弗朗索瓦·比尼翁,《红十字国际委员会与对战争受害者的保护》,第二版,日内瓦红十字国际委员会,2000年6月,LV-1444页。

François BUGNION, Le Comité international de la Croix-Rouge et la protection des victimes de la guerre.

《已经150年了……日内瓦基督教联盟》,雷米·怀勒与罗歇·迪朗著,日内瓦,日内瓦基督教联盟,亨利·杜南协会,2003年,144页。

150 ans déjà……Unions chrétiennes de Genève, Rémy WYLER et Roger DURAND.

科琳·沙蓬尼埃,《亨利·杜南,一个男人的十字架》,巴黎,Perrin,2010年,520页。

Corinne CHAPONNIERE, Henry Dunant, La croix d'un homme.

克莱尔·德鲁克-沃歇，《安娜·杜南，亨利的妹妹》，日内瓦，Slatkine出版社与亨利·杜南协会，2010年，171页。
Claire DRUC-VAUCHER, Anna Dunant, soeur d'Henry.

罗歇·迪朗与克里斯蒂娜·杜南，《亨利·杜南，克鲁日的公民，一颗法国人的心》，日内瓦和克鲁日，亨利·杜南协会与克鲁日市，2003年，200页。
Roger DURAND et Christiane DUNANT, Henry Dunant, citoyen de Culoz, Français de coeur.

罗歇·迪朗，《亨利·杜南为夺得诺贝尔和平奖的大演习》，在《日内瓦与和平》一书中，日内瓦，"日内瓦：和平之地"协会，2005年，161至178页。
Roger DURAND, « Les grandes manoeuvres d'Henry Dunant pour conquérir le premier prix Nobel de la paix », Genève et la paix.

埃克尔·安德拉斯，《行善者亨利·杜南创建红十字会之缘由》，柏林，Wichern-Verlag出版社，2010年，120页。
Elke ENDRASS, Der Wohltäter, Warum Henry Dunant das Rote Kreuz gründete.

弗朗哥·詹皮科利，《亨利·杜南》，都灵，2010年，265页。
Franco GIAMPICOLI, Henry Dunant.

杰拉尔德·杰格,《人道法的创立者,亨利·杜南传》,巴黎,l'Archipel,2009年,309页。

Gérald A. JAEGER, Henry Dunant, l'homme qui inventa le droit humanitaire, biographie.

《亨利·杜南的突尼斯》,罗歇·迪朗,特别是《显现亨利·杜南时代的突尼斯》,日内瓦,亨利·杜南协会,2007年,224页,特别是121-203页。

La Tunisie d'Henry Dunant, Roger DURAND.

谢辞

这本简要传记的编辑与面世离不开以下人士的帮助,谨向他们致以我的谢意:弗朗索瓦·比尼翁、让-达尼埃尔·坎多、克里斯蒂娜·杜南、奥利维埃-让·杜南、尼古拉·迪朗、安娜-玛丽·格吉斯伯格、托尼·格吉斯伯格、玛德莱娜·尼尔勒和伊万·施拉特金内。

私营银行家们穆尔格·达尔格等先生为了表达他们对亨利·杜南的生平和著作所抱有的关切与感激之情,为该书的出版提供了资金保障。事实上,皮埃尔-安德烈·穆尔格·达尔格因母亲的血缘,成为了亨利·杜南的弟弟的直系后裔:达尼埃尔的女儿玛丽·安德烈娜嫁给了乔治·怀斯;他们的儿子皮埃尔·怀斯有一个女儿叫皮埃尔特·怀斯,她嫁给了银行高级合伙人乔治·爱弥儿·穆尔格·达尔格。十五年来,穆尔格·达尔格等先生一直赞助由皮埃尔特·穆尔格·达尔格-怀斯与本书作者共同建立的亨利·杜南奖；今天，他们带来了这一新的贡献。希望他们看到我们在此所表达的感激之情。

后记

2010年,亨利·杜南－古斯塔夫·莫瓦尼埃协会举办活动,纪念两位伟人——想象并推出红十字构想的幻想者亨利·杜南以及为红十字勾画基础的法学家古斯塔夫·莫瓦尼埃——逝世一百周年。值此纪念之际,5月8日,亨利·杜南(生于1828年)的生日当天,在曾经签署过1864年8月22日第一个《日内瓦公约》的阿拉巴马大厅内举办的一次讲座启动了在日内瓦举办的系列活动。在各类活动中,我们要提及在国际红十字和红新月博物馆中举办的专题展览、一次历史研讨会和多次的聚会,特别是在日内瓦的巴斯东公园内的聚会。就是在这样的聚会中,曹嵩生先生向杜南和莫瓦尼埃家族的两位后裔提出了中国之旅的建议。

于是,2010年11月,古斯塔夫·莫瓦尼埃的玄孙奥利维埃－让·杜南、亨利·杜南的弟弟达尼埃尔·杜南的曾孙贝尔纳及夫人莫尼克·杜南－德迪一行有幸拜会了上海、青岛及浙江红十字会的朋友。这是一次意义非凡之旅。我们参观了一些社区中心以及医疗和社会公益机构,其中青岛科技大学之行是我们此次行程中的重要时刻之一。现代中国的红十字会地方分会的活力给我们留下了深刻的印象。

青岛红十字会常务副会长李然女士的热情让我们非常感动,她建议把这本罗歇·迪朗撰写的、清晰地描述了我们先人的人生轨迹的传记翻译成中文。我们也热忱地感谢我们的中国之旅的倡导人曹嵩生先生,还有进行了非常细致的翻译工作的中文版译者晓亚·杜博礼女士。

贝尔纳·杜南(亨利·杜南弟弟的后裔)

译后记
一种情怀的绽放

译者之于原著,犹如寻爱的恋人,所有的姻缘早已悄然注定,无论你知或不知。

2010年的初夏,在一次文人聚会上,我巧遇李然女士。因座位相邻,便交谈起来。那是位优雅、沉静的女性,如幽谷百合淡然自在地香着,不雕饰,不张扬。但当她谈起人道主义的话题时,她那满目的热情和光彩却让我看到了一种情怀的绽放,激越而动人。

于是,几个月后的那个初雪的夜晚,当她在电话的另一端以青岛红会负责人的身份力邀我进行红十字创始人的系列传记翻译工作时,我欣然应允。或许那一刻,内心里也向往着那绽放的美丽。

一炷檀香,一盏清茶,和着悠长的月光,把玩宝物一般细细打量着两本薄薄的传记。封面上是两张陌生的面孔,一位是作为红十字运动的构想者而被誉为"国际红十字之父"的亨利·杜南;另一位是实际的践行者和掌权长达40年的第一任主席古斯塔夫·莫瓦尼埃。

通读之下,我不禁以感激之心来赞美1862年12月两个伟人的聚首,因为他们的完美互补、并肩战斗,才催生了两个为人类带来荣耀的女儿:红十字会和国际人道法。无论当初两人之间有过怎样的磨合,决裂之后又有过怎样的爱恨交织的对抗,都不能否认那段共处的日子的美好以及强大的创造力与生命力。所以,我怀着同样的感佩之情来揣想和怀念这对朋友与对手,这一对不可分割的为父为母之人。

传记里,风云跌宕的历史背景下,两条相互交织而又命运迥异的人生轨迹彼此纠缠着、印证着,诠释着人性的真实与伟大。当我看到,那个因宗教成绩出众而在中学时代连续三年获奖的杜南,参与创建了至今盛行全球的基督教青年会联盟;那个因古典人文科学成绩不足而未能中学毕业的杜南,日后竟写出了感动整个欧洲乃至世界的堪称经典的《索尔费里诺回忆录》,参加了《国际世界文丛》的创办工作;那个曾由衷地赞美过拿破仑三世的利剑与军队之神的杜南,在其人生晚期为和平而战并最终作为第一届诺贝尔和平奖得主而被世人铭记;那个关心地方民众疾苦、一心希望通过对社会问题的调研寻求科学的解决之道的莫瓦尼埃,竟因此迈入了一门新的科学——社会学,并成为了辅助于社会学与社会科学的统计学的创始人之一且出任了瑞士统计学协会的第一任主席；这位第一个《日内瓦公约》的撰写者,为有效地预防战争以及减少战争带给人类的伤害,日后作为国际法研究院的创始成员,为国际公法的发展以及国际刑事司法的开拓做出了巨大的贡献……我在想,生命随时会有奇迹发生,人生的风景有许多的峰回路转、别有洞天,当我们自爱自重、达己达人,一颗爱与奉献之心便会引领我们不断超越、不断升华,我们的生命便有了意义。

在迪朗先生的笔下,岁月如诗,且行且吟；生命如歌,一唱三叹。寥寥数语间,青春的热忱、人性的执迷、理想的光辉、暗夜的凄惶都跃然纸上,我行吟于杜南生命的岁月流连忘返。在伟人的身上,我看到了人皆有之的苦痛与挣扎、脆弱与无助,也看到了人皆有之、纯净而又高贵的人道主义情怀。

杜南是红十字会的象征,更是志愿者的代表。当他在索尔费里诺战役后尸横遍野的战场上偶然经过,自觉地由旅游者变身救护员时,他就在不觉中向当代以及后世的千千万万的人们诠释了"志愿者"的含义。那是对人类苦难的高度敏感,是生命对生命的关切,是"汝之痛乃吾之痛"的感同身受,是"汝之愈乃吾之愈"的互为一体。这份人道主义情怀是如此彻底、如此广博,以至于超越一切局限与束缚：在那个只有军官才可得到战地救护的时代,杜南超越社会地位的局限,让普通伤兵也平等地得到同样的救护；在那个妇女只可触碰丈夫之身的时代,杜南超越文化的局限,让女性之手把生之希望倾注给一具具饱受战火摧残的男性躯体；在那个国家的纷争、宗教的纷争激烈不断的时代,杜南超越了国籍与宗教信仰的局限,把同样的安慰带给每一个在生死之间挣扎的、渴望慰藉的心灵。一句"大家都是弟兄!"多么简单,又是多么伟大,它唤醒了人之所以为人的那份纯粹而强大的人道主义力量。此外,杜南还以其天才的创新精神为志愿者们做出了榜样:"在三天的时间里,他发现了或者说是发明了红十字会之汤的所有配料"。他从整体上构想了人道主义举措,又与莫瓦尼埃等同仁将人道主义各元素组织在一个结构严密的整体之中。

与迪朗先生意象变换快、三两词即可成句的灵动文风相比,比尼翁先生的文风更加沉稳,往往数行文字为一句,但逻辑结构清晰、遣词造句精准。翔实的史料、丰富的引证,让我在莫瓦尼埃所完成的大量细致的工作中,感受到那份几十年如一日的不平凡的坚持与坚韧、默默耕耘、矢志不渝。

每个生命来到世间,都有其各自的使命。对于莫瓦尼埃来说,公益事业便是他的人生使命。1853年,他在致好友的信中写道:"既然我的动机和出发点是做个有益于祖国和同胞的人,既然我十分幸运地不需要靠艰苦劳动谋生,那么,唯一让我迟疑的就是如何选择达成此目标的最好方式。……我选择了公益团体。"从此,27岁的他义无反顾地走上为故乡、祖国和人类服务的道路。于是,我便可以理解,为什么他从1854年的秋天起"便再也没有从事过以赚取报酬为目的的工作",为什么他对日内瓦公益会活动的领导时间持续了近30年,为什么他在担任红十字国际委员会主席的40年里指挥着一切并完成所有主要工作,为什么在红十字会及后来的国际法研究院创立后,有着国际主义视野的他依旧关心着日内瓦——他亲爱的小城邦里普通民众的生活状态,并继续着大量社会调研寻求社会问题的解决之道。

而对于杜南来说,主日课的学习当是其使命感觉醒与确立的时期——"作见证,传福音,救助不幸的人;这是上帝赋予的一项在人间的使命。"于是,我看到那个置自己的生意不顾的杜南在伤员的床边不眠不休,那个终身未婚、膝下无子的杜南创建了绿十字会以期保护世上所有的妇女与儿童,那个补丁缀衣、生活窘迫的杜南在关心着如何解放黑奴、如何保护战俘,那个在暗夜中受迫害妄想症无情折磨的杜南在为世界的和平大声呼吁,那个年迈的杜南在潜心研读《启示录》,以期"将自己根据《圣经》的预言描绘出的人类未来告知同时代的人们"。伴随阅读而生的不仅是感动,还有一份连结内心的自省、一份人生意义的启迪、一粒人道种子的萌芽、一份不竭力量的源泉。

作为一名译者,我在一场未及多想便匆匆允诺的结合后恋爱了,如恋爱中的情人一般迫切地希望了解对方的一切。就这样,出于对伟人的景仰以及对作者的敬重,同时也为更好地进行翻译工作,我在中国红十字老前辈曹嵩生教授的悉心安排下,与先生安德烈一起专程赶赴日内瓦,有幸见到了古斯塔夫·莫瓦尼埃的玄孙奥利维埃－让·杜南先生、亨利·杜南的弟弟——达尼埃尔·杜南的曾孙贝尔纳先生及夫人莫尼克·杜南－德迪、《亨利·杜南》传记的作者罗歇·迪朗先生以及《古斯塔夫·莫瓦尼埃》的传记作者弗朗索瓦·比尼翁先生。

那是一个令人难忘的日子,严肃而深入的学术探讨持续了一整天。

在与两位作者的交谈过程中,我在他们侃侃而谈的热情和熠熠闪光的眼神中看到了爱。一定是因为爱的彻底才能坦然接受主人公的一切,才会甘愿用手中之笔,通过一篇又一篇的文章让他们重生。在谈到主人公的伟大思想时,他们表现出由衷的敬仰和赞叹;而在谈到主人公的缺点、错误与迷失时,他们共同地表现出一种坦然与淡定,仿佛在讲述自己的亲人、朋友抑或师长,而绝不是被推上神坛的圣人。迪朗先生说,正因为杜南有着这样或那样的缺点,他才愈加令人敬佩,因为他有着人类的一切缺点和弱点,他也会被现实生活所诱惑或压迫,但是终其一生,他从未放弃过自己,放弃过使命,而是不断超越自己,他的超越不是靠武力,不是靠征服,而是靠一颗服务于他人的心。所以,他是我们的榜样。无论有着怎样的社会地位和生活境遇,相信每一个人的心中都有这样的一个杜南,一个不断追求美好生活、一个爱他人如同爱自己的充满人道主义温情的杜南。而比尼翁先生最强调的就是"公正、中立、独立"的精神,对人类正在经受的以及未来可能遭受的灾难的高度敏感,对预防和缓解人类苦难的措施的不断创新。在内心中,永远把自己定位为一名人道主义的志愿者,而不是一个既有机构的公务员。"他说,志愿者是一个光荣的名字,是一份觉醒的使命感,是一种人性的归属,是一份需要不断回归的利他的初心。

那一日,在餐桌上,当奥利维埃终于知道,他自小就很崇拜的日内瓦童子军的总教头竟是比尼翁的母亲时;当我的先生告诉贝尔纳,他来自于一个法国的小城,那座城市的名字在布列塔尼语中叫作"小十字",而城市的纹章自中世纪以来就一直是一个"白底红十字"时;当迪朗应我的要求针对中文版对个别有关母亲的字句进行调整而莫尼克对我会心地微笑时;当我惊讶地了解到,杜南和莫瓦尼埃两个家族上溯八代竟然同宗时;当阳光洒满客厅,不同国籍、不同种族的主宾畅谈尽欢时,我在想,与两本著作的缘份必定是冥冥之中早已安排的,而我们正在经历着的这种真实的幸福或许就是对先人最好的告慰……

杜南曾有云:"然昨夜之乌托邦常会变成翌日之现实"。翻译两本传记的过程,就是一个重温昨夜之乌托邦变为今日之现实的过程,就是让理想之光照耀心灵、在那最温柔的一角播撒希望之种的过程。掩卷而思,我们这一代人又将为我们的后人打造一个怎样的世界呢?和平,共生,互为弟兄,或许这简单而艰巨的理想经过数代人的努力后终会变为幸福的现实。

爱上自己译著的译者是幸福的,幸福中一种美丽的情怀在绽放。

晓亚·杜博礼

2011 年 11 月于青岛

图书在版编目(CIP)数据

红十字之父:亨利·杜南传/(瑞士)迪朗编著;晓亚·杜博礼译. -- 青岛:中国海洋大学出版社,2011.12
ISBN 978-7-81125-955-1

Ⅰ.①红… Ⅱ.①迪…②晓… Ⅲ.①杜南,H.(1828~1910)-传记
Ⅳ.①K835.226.2
中国版本图书馆CIP数据核字(2011)第264592号

Henry Dunant by Roger Durand
World copyright@Slatkine,2010
ALL rights reserved.
由日内瓦人道研究中心 中国红十字会青岛分会提供授权

出品统筹 臧 杰
责任编辑 王积庆
特约编辑 冷 艳
装帧设计 良友创库·李欣

出版发行 中国海洋大学出版社 青岛市香港东路23号
本社网址 http://www.ouc-press.com
电子邮箱 cbsbgs@ouc.edu.cn
策　划 青岛日报报业集团良友书坊 青岛市太平路33号
网　址 http://www.liangyoubooks.com
联系信箱 liangyoubooks@126.com
印　刷 青岛双星华信印刷有限公司
版　次 2011年12月第1版
印　次 2011年12月第1次印刷
开　本 32开
字　数 60千
印　张 3.5
印　数 1-1 0000
定　价 12.00元

作者简介 罗歇·迪朗(Roger Durand)瑞士人,历史学家,1945年6月25日出生于日内瓦。亨利·杜南协会创建者,35年来他领导并推动了协会的发展。他发表了不计其数的有关杜南的文章,以及献给人道主义运动其他领导人物的重要著作:杜福尔将军、伊利·迪克曼和古斯塔夫·阿道尔。

译者简介 晓亚·杜博礼,女,法籍华人,生于北京,留学法国。中国散文家协会会员、山东作家协会会员、青岛北京大学校友会常务理事,长期从事中法文化及经济交流活动。中国国家一级心理咨询师、世界商务策划师联合会高级商务策划师。著有散文集《红袖怀香》、《舞动的红袖》、译注(与人合作)《三字经》《千字文》法文版。

版权鸣谢

Slatkine出版社，日内瓦
www.slatkine.com

出版鸣谢

日内瓦人道研究中心

亨利·杜南协会

中国红十字会青岛分会